《评估指南》背景下幼儿园保育教育

环境创设

主编◎徐曼丽　陈晓鹭　韩　志

中国出版集团有限公司

世界图书出版公司
北京　广州　上海　西安

学前教育工作是一项奠基工程，也是一项未来工程。办好学前教育，关系亿万儿童健康成长，关系社会和谐稳定，关系党和国家事业未来。

党的十九大提出，要在"幼有所育""幼有优育"上不断取得新进展，习近平总书记就学前教育改革发展多次作出重要批示。我国已经进入高质量发展阶段，党的十九届五中全会从国家层面提出了建设高质量教育体系的要求。由此，学前教育已真正成为高质量教育体系的有机组成部分。

"十四五"是学前教育从高速增长向高质量发展转型的关键期，即从公益普惠向优质发展。为此，我们应根据高质量的要求，深入思考学前教育改革和发展中关于"培养什么人、怎样培养人、为谁培养人"的根本问题。2022年2月，教育部印发《幼儿园保育教育质量评估指南》（以下简称《评估指南》）指出，坚持社会主义办园方向，践行立德树人的使命，树立科学评价导向，推动构建科学保教体系，整体提升幼儿园办学水平和保教质量。《评估指南》首次将"品德启蒙"列入幼儿园"办园方向"关键指标，幼儿品德启蒙教育的重要性愈加凸显。

幼儿教育除了文化启蒙，更重要的是良好品德的培养，对于幼儿个体成长与发展具有重要的奠基作用。

《评估指南》颁布两年以来，各地纷纷响应，践行文件精神。但是很多幼儿园依然无法理解和参透《评估指南》的精髓，无法真正落实其精神，不知如何在保育教育中践行。在现实执行过程中文件是文件，保教过程是保教过程，两者出现了剥离，前者成了用来学习的理论，并没有很好地引导后者质量的提高。

怎样在两者之间架起联系的桥梁，让文件的精神落实在保教过程中，更契合一线工作者的需求呢？

本书立足幼儿品德启蒙教育探索与研究，以习近平新时代中国特色社会主义思想为引领，贯彻《新时代幼儿园教师职业行为十项准则》和《评估指南》，从《评估指南》中提取品德教育、保育工作、运动健康、安全工作、一日生活、幼小衔接、师幼互动、家园共育、环境创设、园本教研十个核心方面，分别进行阐述，其内容全面，涉及幼儿园工作的各个方面；每册目标鲜明、主题突出、论述亲切、可读，案例选材经典、主题深入、分析精练，有利于教师灵活使用。

为了增强可读性、时效性和操作性，图书中的案例作者以幼儿园一线教师为主，事件是发生在实际生活中的，建议是基于成功经验的总结和提升的，他们能够以理论为工具，对教育行为和实践进行对照分析，每个案例的说明，都以落实《评估指南》为目标，能尽快提高师德素养与保教能力，也有助于幼儿家长等社会人士了解幼儿品德启蒙教育的相关知识与技巧。

希望本书能够引起广大教师的共鸣，为幼儿品德启蒙教育实践提供借鉴与指导。让《评估指南》不再是文字要求，而是行为自觉。

希望这本书能给幼教工作者们以启发，也希望对幼儿园品德课程改革起到引领、启迪和借鉴的作用。

杨雅清

前　言

　　幼儿的健康成长离不开周围环境的重要作用,《评估指南》关于环境创设提到,促进幼儿园积极创设丰富适宜、富有童趣、有利于支持幼儿学习探索的教育环境。在此背景下,本书紧密围绕《评估指南》的核心思想,全面系统地梳理了幼儿园环境创设的理论框架。同时,我们将关注幼儿与幼儿园环境的互动关系,探讨如何使环境更加贴近幼儿的生活、基于幼儿需求、便于幼儿自主学习与成长。

　　在学习《评估指南》过程中,用以儿童为中心的教育观,对照当前幼儿园环境创设的实际做法,发现了一些共性问题,部分幼儿园认为环境创设更多局限在"审美表现"与"装饰美化"方面。本书探讨了如何充分挖掘幼儿园环境价值,增强幼儿的参与,体现生活中与玩具材料互动学习,努力挖掘能契合幼儿需要的环境与材料,引导幼儿在持续游戏中学习与成长,帮助幼儿园教育工作者能够更好地理解和改善教育环境,从环境的角度更好地支持幼儿的全面发展。

　　本书汇集大量实践案例,通过案例中具体做法的表述、教师对案例的分析与具体策略的展现，帮助一线教师、园长思考环境创设对幼儿发展的深远意义，并学习一些评估与指导方法，抛砖引玉，希望能触发读者在实践中更好地优化幼儿园高质量的育人环境，促进幼儿的全面发展。

在内容设置上，本书进一步从"与环境对话""空间与设施""玩具与材料"三个核心维度划分，对当前环境创设中存在的问题以实践案例形式进行深入剖析，并提出针对性的解决策略。希望通过这些讨论，能够引导读者以更加理性的态度审视环境创设的各个环节，避免走入误区，深入理解环境创设的重要性，切实实现环境的教育功能。

感谢您的阅读，若书中有不当之处，敬请批评指正。

目录

微信扫码
● AI 教学助手
● 内容图谱
● 知识图卡
● 保育笔记

第一章
与环境对话

第一节 关于环境创设

一、幼儿园环境

环境在人的发展中扮演着至关重要的角色。从个体诞生的那一刻起，他们便开始与周遭环境中的人、事、物发生互动，这些互动对个体的成长轨迹产生深远的影响。人类所处的环境可以大致分为两大类：自然环境和社会环境。

自然环境包括阳光、水源、动植物等自然要素，而社会环境则涵盖了家庭、学校、幼儿园、文化背景等多个方面，这些属于外部环境的范畴。然而，从人类发展的视角来看，环境还应该包括一个内在层面，即个体在与外部世界互动和认知过程中产生的心理发展和变化。

这个内在环境，我们可以称之为"心理环境"。幼儿的认知始于对外部环境的感知与体验。透过这些互动，他们逐步构建起对周边环境的认知与理解。在幼儿的世界里，他们的认知始于对外部环境的感知与体验。透过这些互动，内心开始进行情感、动机和行为等一系列心理活动，双重作用下，逐步构建起对周边环境的认知与理解。因此，在进行环境创设时，必须综合考虑内外部因素。

陈鹤琴先生曾指出，环境的刺激会留下相应的印象。对于幼儿而言，他们对外部世界的感知始于他们所接触的环境。"孟母三迁"的故事广为人知，良好的环境刺激对幼儿的成长具有积极的影响。幼儿园是多数儿童在童年时期的重要活动场所，因此，幼儿园环境的营造对幼儿的成长发展显得尤为重要。

幼儿需要在幼儿园中度过大量的时光，幼儿园中的空间设施与环境材料的选择对幼儿的成长发展发挥着重要的作用。在幼儿眼中，幼儿园不仅是他们生活的重要场所，更是他们与环境互动、展开对话的主要空间。在这片小天地里，幼儿既能展现自我，又能通过与环境及他人的交流，积累知识和经验。此外，幼儿园更是幼儿发挥想象力和创造力的乐园。

（一）什么是幼儿园环境

既然幼儿园环境的作用不容小觑，那到底什么是幼儿园环境？幼儿园环境又有什么作用？

幼儿园环境，概括而言，是支持和影响幼儿教师与幼儿在园活动的一切外部条件的总和，可从广义和狭义两个角度进行划分：广义上的幼儿园环境，涵盖幼儿园教育所依赖的全部条件，不仅包括园内环境，还包括与幼儿园教育息息相关的外部环境，如家庭、社会、自然和文化等；而狭义上的幼儿园环境，则特指园内环境，是指在幼儿园中对幼儿身心发展产生影响的一切物质与精神要素的总和。

幼儿园环境不仅是儿童生活的空间，更是儿童学习的空间。幼儿园环境的核心是儿童，幼儿园的教育理念和教育行为以及儿童的生活状态也会通过幼儿园的环境体现出来。因此，它可以分为两个主要部分——物质环境和精神环境。

物质环境，涵盖了活动场地、设施设备、玩具和游戏材料等方面。这些物理条件为幼儿活动提供了必备的空间和工具。

精神环境，主要包括幼儿园的文化氛围、教师与幼儿之间的和谐关系，以及幼儿间的合作与友谊等非物质因素。

进一步来看，幼儿园物质环境可根据其形态划分为室外环境和室内环境：室外环境，涵盖了幼儿园建筑以外的区域，如大型活动区、沙水区、涂鸦区、搭建区、种植区等，这些区域均为增强幼儿户外活动体验而专门设计。室内环境，则是幼儿园建筑内的空间，如：幼儿活动室、走廊、公共区域、主题墙等室内空间，这些空间的设计旨在满足幼儿在室内开展各类活动的需求。

幼儿园环境丰富多样，包含众多要素，对幼儿的生长发育及日常活动具有重大影响。幼儿园氛围和文化亦对幼儿成长产生深远作用。一个积极向上、充满关爱的环境能令幼儿感受到温暖，有助于建立归属感。因此，关注环境各层面，尽力为幼儿缔造优质成长环境至关重要。各园所可采取优化室内外环境、完善设施与玩具、提升师资力量、营造良好氛围等举措以优化育人环境。尤为重要的是，应着重培育幼儿的爱国情操，自幼引导他们树立正确的价值观和人生观，为其未来成长奠定坚实基础。

（二）幼儿园环境的作用及启示

幼儿园环境之独特，源于在这方天地里，幼儿度过快乐的童年时光，部分宝贵记忆甚至能贯穿其后续生命历程，影响一生。比如，毕业很久的幼儿，还挂念着幼儿园沙池、涂鸦区，还能回忆主题墙上探索留下的痕迹，还会谈到午睡时班级温馨、宁静的阁楼……这些记忆伴随生命的成长，历久弥新。瑞吉欧教育理念中，幼儿园环境被赋予了至关重要的地位，它被视为"第三位教师"，"各种材料及布置方式，都会影响儿童的行动、反应、学习和成长"，强调了环境对于幼儿成长的重要作用，它不仅有助于幼儿的学习和发展，还能够确保幼儿在一个尊重他们权益的环境中成长。在这样的环境下，幼儿的声音都能被听到，幼儿的探索都能被支持，幼儿的尝试都能被满足。

据此，幼儿园环境创设给予的启示如下：

1.创设多元化的环境：幼儿园应创造包含教学区、游戏区、阅读区、艺术区等多元化的环境，以满足孩子不同方面的需求和发展。

2.注重环境的美感和舒适性：幼儿园环境应美观、舒适，有利于孩子的身心健康。同时，环境的安全性也是至关重要的。

3. 提供丰富的活动和素材：幼儿园应提供丰富的活动和素材，以激发孩子的兴趣和创造力，提升他们的观察能力和思考能力。

4. 重视孩子的主体地位：幼儿园环境创设应以孩子为主体，让他们在环境中自由探索、学习和成长。

5. 与家庭和社会保持联系：幼儿园应与家庭和社会保持紧密联系，让孩子在幼儿园环境中感受到家庭和社会的关爱和支持。

二、幼儿与幼儿园环境的关系

幼儿园作为其专属领域，应以幼儿需求和视角为核心，进行环境创设。在此过程中，幼儿有权在其密切相关的生活空间中进行探索、学习，并策划与想象其活动场所。这意味着，环境塑造的主动权不在教师，而在幼儿，环境属于幼儿。

在以幼儿为主导的环境创设中，应充分认可儿童的存在，使其自我价值得以实现。在一个包容和肯定的氛围中，幼儿的归属感和幸福感得以显著提升。儿童的需求和兴趣在参与环境塑造过程中得到持续激发，其行为和思维在环境设计中得到相应反馈和呼应。

（一）融入幼儿生活的环境

环境应当与幼儿的日常生活紧密相连，让幼儿感到自然舒适。幼儿园应提供一个环境，让幼儿可以自由探索、游戏和学习，使之成为幼儿生活的一部分。幼儿园环境应当能够支持幼儿的全面发展，包括身体发展、认知发展、语言发展、社会情感发展等。环境中的各种要素，如玩具、活动区、阅读材料等，都应当有助于幼儿各方面能力的提升。

（二）呈现幼儿需求的环境

环境应当能够反映并满足幼儿的需求，包括生理需求、安全需求、归属与爱的需求、尊重需求以及自我实现需求。环境设计应以儿童需要为核心，为其成长与发展提供支持。精心规划空间布局，创设符合幼儿年龄特点的游戏区域。例如，幼儿园在室外区域游戏创设中，可设置深受幼儿喜爱的玩沙区和玩水区；自然角区域的创设则能为幼儿提供观察动植物生长的机会，满足他们亲近自然、探索事物规律及发展的需求。

为确保幼儿安全，玩具柜的选择应兼顾材质的安全性与实用性，确保既能存放丰富多样的教具，又能保障幼儿的安全。同时，材料的选择与收集也应契合幼儿的发展需求，如使用环保、无毒的材料，以及易于清洁和维护的特性。

（三）体现幼儿发展的环境

幼儿园环境应当能够支持幼儿的全面发展，包括身体发展、认知发展、语言发展、社会情感发展等。环境中的各种要素，如玩具、活动区、阅读材料等，都应当有助于幼儿各方面能力的提升。

幼儿作为发展中的生命个体，其在参与日常活动与满足自身发展需求的过程中，幼儿园环境应不断适应并促进幼儿的持续发展。在材料提供方面，为了支持幼儿的发展，可以采用具有层次性和低结构性的材料。在游戏空间的设计和利用上，应充分支持幼儿多样化探索活动。此外，诸如室内主题墙和区域墙等"会说话的环境"，应充分发挥其展示幼儿发展成果的价值，通过展示幼儿的探索与发现，吸引他们的注意力，激发好奇心和探索欲望，从而促进幼儿间的相互学习。

三、环境创设的问题及思考

（一）关于教师制约幼儿园环境创设发展的反思

部分幼儿园教师对幼儿园环境的理念认识不足。

墙面的装饰性大于教育性。教师创设的环境观赏性较强，但缺乏操作性，导致孩子们无法利用观赏性强的墙面进行操作探索。

在环境创设过程中，教师占据主导地位，而幼儿则处于被动配合的状态。

教师缺乏挖掘和利用本土材料的能力，对教育资源理解不够深入。

在环境创设方面，教师对主题的挖掘不够深入，拓展也不够充分，从而使得环境创设缺乏系统性和教育性，室内环境未能形成整体。

（二）影响环境发展的主要因素

1. 对环境理解窄化，缺乏价值挖掘

在当下幼儿园环境创设中，许多一线教师对其概念内涵的理解存在一定的误区。他们更多地关注物质环境的打造，认为只有丰富的物质条件才能为幼儿提供良好的成长环境，却忽视了心理环境的重要性。这种片面化的理解导致了幼儿园环境创设的失衡，不利于孩子们的全面发展。幼儿园内的硬件设施、教学用品、生活用品等固然重要，这些条件的改善可以提高学前儿童的生活品质，为幼儿生活、学习提供便利。但心理环境所涉及的文化氛围、师幼关系、同伴关系等因素对孩子的情感、认知、行为等方面的发展会产生深远影响。幼儿园环境创设应当注重物质环境与心理环境的平衡，让孩子们的身心得到全面发展。只有这样，我们才能为孩子们创造一个更加美好的成长环境。

2. 环境静态维持，缺乏动态调整

空间使用与材料投放过于固化，缺乏灵活性与创新性的现象。这很大程度上源于教师作为环境创设的主要执行者，在规划、设计和布置环境时，未能考虑幼儿与环境间的互动性，过于强调自身的教育目的和审美要求。例如，在主题活动尚未启动时，主题墙的创设已经迅速完成，墙面内容丰富，但更多反映的是教师对主题活动的理解，而忽视了幼儿参与主题创设的过程。在班级活动中，教师组织幼儿集体分享交流时，座位与就餐位置相似，导致部分幼儿难以观察分享图片等信息，也不便与教师互动。

此外，区域划分和空间布局也存在问题。游戏区的设置成为一种静态模式，空间内的材料投放和使用点设定过于固定，缺乏对环境材料的动态调整。这种现象进一步限制了幼儿的游戏范围，使他们在选择材料时只能局限于本区域。这些问题均反映出教师过于注重短期效益，而忽视了幼儿的长远发展。

倘若幼儿园的空间设施和玩具材料能够遵循幼儿的需求，形成动态、流动且相互连接的关系，那么幼儿在园内的生活将更加自主，面临的选择也将更为广泛和多样化。环境对幼儿的支持作用将得到更充分发挥。例如，走廊、主题墙和公共区域可以展示幼儿探究游戏和课程研究的过程，记录幼儿探索后的活动经验，展示前后的变化，并根据儿童感兴趣的话题及时更新。空间布局可以根据幼儿日常活动的需求进行调整，玩具和材料的种类应根据儿童的发展阶段适时增加和丰富，墙面内容应展示儿童思维的发展和他们的日常探索成果，公共区域的布置也应针对每个儿童的个性化学习需求进行多样化调整。

因此，幼儿园需定期评估和刷新环境布置，确保其能够适应儿童不断变化的成长需求，并全面支持他们的发展。

3. 侧重环创美化，缺乏幼儿参与

调查发现，部分幼儿园教师对环境创设的理解存在一定程度的偏颇，他们将环境的营造简单地视为装饰设计，将教育环境创设仅理解为班级空间布局，并局限地认为这是教师独自承担的工作。当前幼儿园环境设计过于注重视觉美感，过分追求精美设计，却未能充分支持幼儿的独立探索和深入理解。教师们往往过分关注环境布置的美学，却忽视了其核心价值。从教师观念的角度来看，这种过度重视外在美观的环境设计，缘于对环境创设本质意义的认识不清晰。在内容设计过程中，往往仅按照教师的想法进行，导致幼儿成为环境的旁观者，忽视了幼儿主体性，缺乏幼儿的参与。

在幼儿园环境中，教师需要认识到，环境并非仅仅用来展示，而是为了幼儿的成长而存在。应让幼儿充分参与环境创设过程，包括材料选择、空间布局等，让他们真正成为环境的主人。

总之，幼儿园环境之创设，应以服务幼儿发展为宗旨。幼教从业者应持续反思，与时代共进。唯有幼儿园及每位教师皆保持与时俱进，方能更为有效地推动幼儿成长与提升幼儿素质。

第二节　基于《评估指南》再探环境创设

一、《评估指南》背景下环境创设

《评估指南》是幼儿园教育质量提升的关键工具，通过对幼儿园环境、教育资源以及师幼互动等多方面的综合评估，为幼儿园的不断完善和优化提供指导方针。在此基础上，幼儿园可据此进行持续改进，以提升教育质量。

"环境创设"作为《评估指南》的关键要素之一，应引起幼儿园的高度关注。只有当幼儿积极参与环境创设、深入参与课程创生，他们与环境、课程的关系才不仅仅是旁观者的身份，而是有更多的参与，和参与后的认同、珍惜、自豪。教师需为幼儿营造一个低结构的、半开放的、留白充足的、有准备的环境，从而为幼儿的积极参与创造条件，为他们自主探索预留空间，以及为新经验的增长提供可能。

在环境创设过程中，教师应深刻理解环境的价值并非仅在于其逼真程度，而在于其是否能真实地关注并反映幼儿在日常生活和游戏中所展现的兴趣、经验和需求。通过支持幼儿积极参与环境创设的全过程，我们可以激发他们的探索欲望，满足他们的实践需求，并帮助他们培养感恩、民主、权利等未来生活所需的能力。环境使幼儿成为课程的主导者，促使他们通过探索和学习来丰富个人经验，并通过环境实现同伴间经验的互动交流。环境能够反映出幼儿当前的生活经历和成长轨迹，分享他们的差异化资源，并在互动中促进他们的全面发展。

二、分析环境创设的评估指标

环境是支撑幼儿持续发展的重要载体，幼儿园保教质量的提升离不开优质的育人环境。《评估指南》把"环境创设"内容分为"空间设施"和"玩具材料"两大关键指标，旨在推动幼儿园积极打造丰富、适宜、富有趣味、有助于支持幼儿学习探索的教育环境。

重点内容	关键指标	考查要点
A4环境创设	B10.空间设施	36.幼儿园规模与班额符合国家和地方相关规定，合理规划并灵活调整室内外空间布局，最大限度地满足幼儿游戏活动的需要。除综合活动室外，不追求设置专门的功能室，避免奢华浪费和形式主义。 37.各类设施设备安全、环保，符合幼儿的年龄特点，方便幼儿使用和取放，满足幼儿逐步增长的独立活动需要。提供必要的遮阳遮阴设施设备，确保特殊天气条件下幼儿必要的户外活动能正常开展。
	B11.玩具材料	38.玩具材料种类丰富，数量充足，以低结构材料为主，能够保证多名幼儿同时游戏的需要，尽可能减少幼儿使用电子设备。 39.幼儿园配备的图画书应符合幼儿年龄特点和认知水平，注重体现中华优秀传统文化和现代生活特色，富有教育意义。人均数量不少于10册，每班复本量不超过5册，并根据需要及时调整更新，幼儿园不得使用幼儿教材和境外课程，防止存在意识形态和宗教等渗透的图画书进入幼儿园。

（一）空间设施分析

　　36.幼儿园规模与班额符合国家和地方相关规定，合理规划并灵活调整室内外空间布局，最大限度地满足幼儿游戏活动的需要。除综合活动室外，不追求设置专门的功能室，避免奢华浪费和形式主义。

　　重点1：合理规划

　　提供舒适的活动环境，可以最大限度地激发幼儿参与活动的意愿。温暖、轻松的环境能让幼儿产生归属感，确保每一位幼儿都能快乐游戏，最大限度地满足幼儿游戏活动的需要。强调设施的安全、环保、符合儿童的年龄特点，满足儿童逐步增长的独立活动的空间需要。

　　此外，《幼儿园工作规程》对幼儿园的办园规模及班级人数作出了明确规定。其中，办园规模应有利于幼儿身心健康，便于管理，一般不超过360人，此规模较为适中。此外，《幼儿园工作规程》还对幼儿园班级定额进行了规定：小班（3周岁至4周岁）每班幼儿人数为25人，中班（4周岁至5周岁）为30人，大班（5周岁至6周岁）为35人，混合班为30人。针对寄宿制幼儿园，每班幼儿人数可根据实际情况适当减少。这些规定旨在规范幼儿园的办园行为，避免因利益驱动而导致班级人数严重超出正常标准的情况发生。

　　重点2：灵活调整

　　文件中特意提出"不追求设置专门的功能室，避免奢华浪费和形式主义"。幼儿园在规划的过程中，要将活动空间最大化地回归于儿童。如一些幼儿园未设置"绘本馆""图书馆"等专用的阅读功能室，而是根据幼儿需要在班级建设阅读区，该区域打造选择光线充足的位置，以利于保护幼儿视力，准备一些干净美观的抱枕或坐垫，如可爱的动物造型、柔软的心形抱枕等，并配置与教室桌椅风格相协调的小桌子和小椅子。此外，班级阅读区还可依据功能将阅读区划分为若干区块和空间，以满足不同阅读者、阅读类型和阅读阶段的需求，例如展示区、操作区（含修补区）、静态阅读区等，便于幼儿积极参与阅读活动。

37.各类设施设备安全、环保，符合幼儿的年龄特点，方便幼儿使用和取放，满足幼儿逐步增长的独立活动需要。提供必要的遮阳遮雨设施设备，确保特殊天气条件下幼儿必要的户外活动能正常开展。

重点 1：遮阳遮雨设施设备

确保在各种特殊天气条件下，幼儿的必要户外活动能够正常开展，提供适时的遮阳避雨设备。从环境保护的角度出发，更加注重孩子身体健康和体育锻炼，避免过度保护，让孩子因冬季严寒、夏季炎热、秋季大风、雨雪天气等理由长期居家，而是关注各种天气状况的应对策略，使体育锻炼得以持续进行，从而在日常生活中潜移默化地培养儿童的各项品质。

重点 2：方便使用、取放

在规划空间储物柜时，需充分考虑玩具柜的高度，使其适应幼儿的拿取需求，并尽量保持一致的高度，以满足视觉的连贯性。布局时，应根据幼儿的活动需求，就近摆放各类设施，以便于他们的使用。同时，储物设施的朝向也应便于幼儿寻找。例如，在建构区的柜子里，我们放置了各种不同特征的积木，以满足幼儿的拿取需求，并能按照特征进行分类。

又如，为幼儿提供独立衣帽柜，上下多层设计便于幼儿分类存放衣物和鞋子，有利于保持衣帽柜的整洁。同时，我们还根据幼儿的年龄特点，鼓励他们为自己的衣帽柜设计标签，以便于找到自己的柜子。

综合考虑，教师在布置游戏材料时，主要遵循了"看得见""拿得到""放得回"三个原则。

看得见，在规划和整理游戏材料的过程中，需充分考虑幼儿的身高特点，以便让他们轻松观察到各类物品。收纳架、收纳筐以及挂钩等设施应设置在适当的高度，确保幼儿能方便取用。同时，各类材料之间应保持一定的间距，避免相互遮挡，以便于幼儿的视线扫描。

拿得到，针对幼儿的身高、臂长等生理特征，设计相应的收纳设施，尤其是确保收纳架的高度符合幼儿的身体特点，从而支持他们轻松触及高处和深处的物品。这样的设计不仅提升了物品的使用效益，还有助于提高幼儿的自我收纳和整理能力。

放得回，主要是让收纳设施与游戏材料具有对应关系，清晰醒目的收纳标记有助于幼儿顺利地将材料分类归位，提高收纳效率。

（二）玩具材料分析

<u>38.玩具材料种类丰富，数量充足，以低结构材料为主，能够保证多名幼儿同时游戏的需要，尽可能减少幼儿使用电子设备。</u>

重点：材料丰富，多名幼儿游戏

强调低结构材料的有效使用，更强调要关注生活中可以重复使用的材料，满足儿童思维创造性发展的过程。在儿童的成长过程中，低结构材料的有效使用被愈发强调，这是因为这类材料具有高度的可塑性和无限的创造力。它们能够激发儿童的想象力，促进他们的思维发展，为他们的创造性发展提供广阔的空间。然而，日常活动中教师在关注低结构材料的同时，也不能忽视生活中可以重复使用的废旧材料的重要性。

生活中的可重复利用资源包括但不限于：废弃纸张、布料、各式容器、木料、石材等。这些资源兼具环保与经济性，不仅能够满足儿童的好奇心，而且在他们玩耍、创作的过程中，有助于培养其审美观念、实践能力及创新精神。循环利用的生活材料所蕴含的价值何在？

首先，满足儿童思维发展的需要。儿童在动手操作这些材料的过程中，进行尝试，经历失败或成功，这将有助于他们建立和形成逻辑思维、空间观念和解决问题能力。例如，用废旧纸张制作手工，儿童需要在设计、折纸、粘贴等环节中，不断地尝试和改进，从而锻炼他们的思维能力。

其次，有助于儿童创造性发展。在游戏和创作过程中，孩子们可以无拘无束地发挥想象力，将这些材料转变为各种富有创意的玩具或艺术品。例如，通过利用瓶瓶罐罐制作装饰品，孩子们可以根据个人喜好选择颜色和造型，充分展现他们的创新精神。

最后，有利于培养儿童的环保意识。当他们在生活中发现这些材料的价值时，自然会养成节约资源、珍惜物品的好习惯。

材料搜集一览表	
材料属性	基本种类
自然材料类	树叶、沙土、石头、松果、贝壳……
木质材料类	木片、树枝、木板、木质衣夹……
塑料材料类	矿泉水瓶、一次性塑料餐盒、吸管、塑料袋……
金属材料类	饼干桶、易拉罐、钥匙环、不锈钢餐具……
布质材料类	手帕、废旧衣物、毛巾、布……
其他材料	

39.幼儿园配备的图画书应符合幼儿年龄特点和认知水平，注重体现中华优秀传统文化和现代生活特色，富有教育意义。人均数量不少于10册，每班复本量不超过5册，并根据需要及时调整更新。幼儿园不得使用幼儿教材和境外课程，防止存在意识形态和宗教等渗透的图画书进入幼儿园。

重点：图书符合幼儿年龄特点和认知水平

该内容虽然提及幼儿人均配书数量，但其深层含义远非仅仅关注图书数量的多少。其核心在于为幼儿创造一个优质的阅读环境，使书籍的香气渗透到他们纯真的童年中，体现对幼儿阅读发展的价值和深远意义的重视。提倡构建一个环境，使儿童热爱阅读、享受阅读、渴望阅读，并能在其中静心领悟。同时，重视将融合中华优秀传统文化与现代生活的优质读物引入幼儿园，为幼儿营造一个既富有教育内涵又具备时代特色的环境，为幼儿创造一个兼具教育意义和时代特征的空间，以期对儿童的全面发展产生积极影响。

表面而言，"玩具材料"维度下的要点，似乎是对其标准的解读，然而其深层内涵则在于对材料多元化的全面理解。这包括低结构、高结构、废旧材料以及适合儿童发展的图书读物等各个方面。不仅对这些材料的数量提出了明确要求，而且强调了质量的严格把控。同时，特别注重将中华优秀传统文化融入环境、玩具、材料的调整中，这些元素是环境建设不可或缺的重要组成部分。

三、《评估指南》对环境创设的要求

1. 从"幼儿园环境"变成"属于幼儿的环境"

一些幼儿园所谓的科学发现室堆满了超出幼儿年龄特征的科学仪器；所谓的"美食一条街"摆放着现成的商业"成品"；所谓的阅读角仅存的几本破旧、印满汉字和拼音的图书……在此类环境中，

往往可见精神不集中、精神状态欠佳的幼儿。幼儿园环境若缺失了幼儿这一主体，犹如失去了灵魂的躯壳。

部分幼儿园的户外走道两侧绿篱茂盛，每棵树周围亦有一圈绿篱，围墙边更是绿意盎然。然而，实际上留给幼儿活动的空间已所剩无几，绿篱和大型玩具的人为隔离使幼儿的奔跑距离受限。这些环境并未真正满足幼儿的需求。

教师应立足于幼儿的身心发展特点、兴趣、需求，创设适宜且丰富的环境，方能成为促进幼儿学习的良好条件。环境是为幼儿量身打造的，旨在支持幼儿的学习与发展。但这并不意味着教师创设的环境一定能引起幼儿的兴趣，激发其学习热情，或有助于其成长。在环境创设方面，教师展示出其个人专业素养，这包括对幼儿身心发展规律、学习特点的深刻理解，以及对幼儿兴趣和需求的敏锐洞察。

2.平衡好教师创造与幼儿参与之间的关系

环境建设与教师素质之间的关联不容忽视，教师的儿童观、教育观、课程观对育人环境品质的提升具有直接推动作用。优质教育要求教师站在儿童发展的角度审视环境，以儿童的视角去审美、发掘美、解读美。在反思我们的幼儿园时，需自问：我们所营造的环境是否与孩子日常生活的游戏环节紧密相连？环境是否真正尊重了儿童的年龄特性？环境是否展现了孩子们学习和成长的过程？环境的表现风格和展示内容是否由孩子们主导？

首先，部分幼儿园教师尚未充分认识到自己在环境创设方面的职责，未能深刻理解充分利用环境对课程实施的重要性，因此，在环境创设与利用方面的主体意识较弱，责任感不足。部分幼儿园甚至将环境创设视为一项任务，尤其户外环境，常常交由园林部门负责，而缺乏教师自身的思考与设想。

其次，部分教师未能充分认识到环境的价值评估与更新意愿的重要性，未能切实地将环境建设与课程建设相结合，以及将环境与幼儿的学习与发展紧密联系。在教师的活动设计和安排上，未能充分挖掘和利用环境所提供的有利条件。

最后，幼儿并未真正成为环境的主导者。环境设计未能充分观照幼儿的兴趣与需求，教师亦未征求其意见，使得幼儿无缘参与环境创设的过程。空间、材料、活动内容及方式等方面，均未能给予幼儿充足的选择权。因此，在环境中，难以激发幼儿惊奇、探索与创新之情。

幼儿对环境的接纳程度并非完全被动，他们在与环境互动的过程中，会根据自己的兴趣和需求来调整对环境的参与程度。在创设环境时，除了关注幼儿的兴趣和需求外，还应支持他们参与环境布置之中，让幼儿成为环境创设的主人。

教师要了解幼儿的兴趣和需求。每个孩子都有自己独特的兴趣爱好，关注他们喜欢的事物，才能激发他们对环境的喜爱。此外，幼儿在不同阶段的需求也会有所不同，因此，我们要时刻关注他们的需求变化，为他们提供适宜的环境。

支持幼儿参与环境布置。让幼儿参与环境创设，可以让他们更好地感受到自己的价值和成就感。在参与过程中，幼儿可以发挥自己的创意，提出自己的想法和建议，这对于他们的个性发展和自信心培养具有重要意义。同时，幼儿在参与环境布置的过程中，还能提高他们的动手能力和团队协作能力。事实上，很多环境的创设都是需要幼儿参与的，有些环境的创设甚至是以幼儿为主的。一定要在环境创设中给幼儿留下空间，留下机会，让他们真正成为环境的主人。

将幼儿的活动与环境的持续优化紧密结合。环境创设并非一次性的工作，而是一个持续的过程。环境动态调适，追随幼儿成长，以实现环境与幼儿发展的紧密结合。

特别强调的是，环境生成课程，推动课程发展，体现课程延续。教师应巧妙地将环境构建与课程设计相结合，使环境最大限度地发挥课程效益。环境是幼儿活动的重要支柱，只有充分利用环境的优势，幼儿园课程才能不断得以拓展和丰富。在课程的深化与拓展方面，课程资源并非仅限于幼儿园内部环境，自然环境和社会环境同样丰富多样。让幼儿置身于如此广阔的环境中，他们将不可避免地遇到各种问题，进而产生新的课题。

例如，在主题课程的开展过程中，幼儿会提出越来越多的疑问。因此，班级中设立了"儿童海报式"的主题墙，针对孩子们的问题，指导他们收集相关资料和信息，并在主题墙上展示。随着活动的不断推进，主题墙上的内容日益丰富，进一步促使活动深入展开。环境不仅推动课程的生成和实施，也是最佳的"记录"方式。在各个活动环节或活动结束后，教师会与幼儿共同将活动内容或实录以照片、文字、图画等多种形式呈现在环境中，以此展示主题活动的发展态势，并借此帮助幼儿整理、积累活动中获得的经验。

环境记录展示了课程的逐步推进，同时展现了幼儿在主题研究中的情感体验、能力提升以及自我成长与转变。这一过程促使教师进行自我反思，并加强经验分享。环境记录提升了幼儿对活动的热情，增强了自信心，有助于积累和整理他们在活动中获得的经验。此外，环境中展示的幼儿游戏记录还有助于家长了解幼儿的活动过程，吸引家长参与到幼儿园课程建设中，提供丰富的资源，增进家园有效沟通，建设优质的幼儿园教育生态环境。

环境因素促成了课程的生发，并推动着课程的进程。在一日生活中，教师应致力于为幼儿营造与主题紧密契合的多元化区域环境。这样的环境能够激发幼儿的积极性，使他们投身于各个区域，通过与环境材料的互动，对主题产生更深入的理解。弥补集体教育活动中难以完成的内容，在区域活动中得以顺利实施，还使得活动范围得到更广泛地延伸。教师可以与幼儿共建一个富有趣味、充满挑战的环境，使他们在与环境互动的过程中，不断提升自己的认知、情感、行为等方面的能力，实现全面协调发展。同时，教师也要关注幼儿在区域活动中的表现，给予适当的引导和支持，确保活动顺利进行。这样，幼儿在多元化的环境中，不仅能够更好地理解和掌握课程内容，还能培养自主学习的能力和习惯。

"环境即课程"，身为新时代的幼儿教育工作者，应将环境创设视为教育理念的体现，让课程价值在幼儿与环境的互动中得以彰显。在未来的教育实践中，各幼儿园应不断钻研、探索，致力于营造优质环境，充分发挥环境在课程中的关键作用。

微信扫码

- AI 教学助手
- 内容图谱
- 知识图卡
- 保育笔记

第二章
空间与设施

幼儿园的空间环境与设施是幼儿的第三位老师，随处可见的展示表达了孩子们的各种想法。空间设施的规划与布置是为幼儿提供丰富的游戏体验。注重以幼儿为主体的空间规划，通过与材料、环境、同伴和成人的互动来创设不同空间的游戏情境。这种空间结构为幼儿提供了一个丰富多样的、多功能的、多层次的、能够按照兴趣自由选择活动、尝试和探索的环境，满足幼儿开展各种游戏和交往的需要。

本章节着重介绍幼儿园室内和室外空间与设施的创设与规划。让每一处环境与幼儿对话，让每一个空间都能与幼儿互动，为幼儿营造一个自然、自主、自由的生活与游戏环境。幼儿园空间与设施的创设并非一蹴而就，而是要持续观察幼儿游戏，根据幼儿需要不断完善和优化空间与设施。

第一节　空间布局

为幼儿创设良好的游戏环境，空间布局的合理性至关重要，尤其在对幼儿园游戏空间的设计上，需要全面考虑空间位置的相互影响和作用，动静分明的游戏区域划分，以及各区域之间的连通性。充分利用幼儿园的立体空间和资源，同时关注材料、环境与幼儿之间的互动。

在游戏区的空间结构设置上，应合理规划收纳区、游戏操作区和作品展示区等，以支持幼儿在游戏区内顺利进行游戏。同时，强调各游戏区域之间的连通性，例如室外沙土区、坑泥区与戏水区相邻，便于幼儿取水，创造适宜游戏的环境。

布局设计不仅需满足安全和功能的基本要求，还需营造一个有利于幼儿成长的环境。这包括确保充足的活动空间、合理的功能区域划分以及流畅的人流动线。

活动空间：为幼儿提供充足的活动空间，让他们无拘无束地玩耍、学习和探索。同时，设计应兼顾集体活动与小组或个别活动的多功能区域。

功能区域划分：不同活动区域的功能应明确区分，例如游戏区、阅读区、艺术区等，以满足幼儿全面发展的需求。

人流动线流畅：人流线路设计应简洁明了且安全，避免拥挤和混乱，确保幼儿和教师能顺利到达各个目的地。

第二节　室外空间

　　室外空间是幼儿园环境中不可缺少的一部分，它提供了与室内不同的学习和游戏场地。室外空间的设置上，可以利用大自然赋予的优势进行游戏空间的划分。如利用幼儿园的坡地、水区、树木、草丛等富有野趣，具有挑战的空间支持幼儿游戏。场地的规划也随着幼儿游戏的灵活多样而调整与改变。在室外的空间布置中，也要根据幼儿参与活动的人数来设定区域游戏。在硬化、塑胶的大面积场地中，游戏区的空间安排上就要合理划分，休息区、活动区、材料区等摆放的位置要安全、方便。室外空间应当综合考虑自然要素、空间适宜性、灵活性、童趣以及探索性。

自然的空间

室外空间应当充分融入自然要素，如树木、草地、花园等。这些自然元素能够为幼儿提供亲近自然的机会，并激发他们对环境的好奇心和探索欲。

赶海日记

视频二维码

▶ 案例背景

玩沙是小朋友们最喜欢的游戏之一，他们在幼儿园的沙池中尽情玩耍，通过拍拍、挖挖、堆堆、垒垒，摇身变成玩沙高手。小朋友们建造了浪漫的大海，因地制宜地玩起了赶海游戏，开启了沙水区的奇妙之旅。

▶ 案例描述

片段一：大海建在哪里？

苗苗、宁宁、成成在沙池里进行考察行动，最终他们决定在小河旁的沙池边建造一个圆形大海，取水方便。首先，他们用铲子在沙池边挖出了一个大海，然后成成用小桶去小河里取水灌水，他发现水会下渗，宁宁想到公园里的池塘里铺满了鹅卵石，于是提议大家去小花园里寻找一些石头来填满沙子的缝隙，之后随着大家不停

30

地注水，大海建好了。

片段二：寻找沙滩

成成说："大海建好了，我们的沙滩呢？"这时苗苗发现在我们沙池边上，种植果树的土地里有很多土壤可以建造沙滩。但是大家发现了新的问题：幼儿园这个沙水区和种植区是分开的空间，我们如何将它们连接在一起呢？宁宁说："我们可以去操场取一些碳化积木过来，将它们铺成一条路，这样就可以了。"于是他们三个开始行动，去寻找积木铺路。这样小朋友可以从海边顺着小路走到沙滩上寻找宝藏。

片段三：挖掘宝藏

找到沙滩以后，宁宁说："我跟爸爸去赶海，沙滩里藏着很多小贝壳、小螃蟹。我们可以埋一些宝藏在沙滩里。"

这时苗苗发现种植区的土壤里有很多从树上掉落的树叶、花瓣。于是大家提议：我们可以从沙水区里拿一些动物模具埋在土壤里，也可以从大树底下寻找掉落的树叶和花瓣。小朋友们的赶海游戏还在有趣地进行着……

▶▶ 案例分析

1. 幼儿在游戏中感知自然物的基本属性和特点，例如，沙水土等，并通过建造大海、沙滩，去挖掘宝藏，将各个游戏空间进行结合，让游戏不断升级，创造新的玩法。在近距离接触自然空间以及生活事物中积累有益的直接经验和感性认识。

2. 幼儿的思维特点是以具体形象思维为主，他们通过亲身体验，实际感知来获取知识经验。发现水会沿着缝隙往下流，并能联系到自己的生活经验中，想到用石头来填补沙子的缝隙。在这种持续研究过程中发展自己的游戏经验。

3. 当遇到问题时，幼儿没有放弃，而是积极想办法解决。当两个游戏空间没有连接时，幼儿提议利用操场的积木进行连接，并且和游戏同伴共同合作，能接受他人的提议，体现幼儿在游戏时的良好学习品质。

▶ **解决策略**

1.教师可在户外区域里准备水池、盥洗工具、遮阴工具方便幼儿使用及休息。游戏区域要让幼儿充分感受自然之美，不在自然空间里放置装饰性材料，以免影响幼儿的直接体验。

2.在幼儿游戏时，教师不以材料或者游戏空间场地划分游戏区域，允许游戏场地和材料之间的互动、结合。这样能支持幼儿在接触自然和事物现象中积累有关的直接经验和感性认识，并进行经验间的迁移。

3.给幼儿创设自由的游戏氛围，鼓励幼儿自主探索自然空间的材料、场地和季节轮换的变化。对幼儿探索的自然空间，根据游戏形式提供相关的游戏材料支持，使自然环境空间不再是远远观望的绿化区。

（石家庄市第三幼儿园 张宁宁）

适宜的空间

室外空间设计应当考虑到不同年龄段幼儿的身体发展水平和兴趣，提供合适的活动区域。随着幼儿的游戏玩法、内容等不断丰富，游戏的空间也随着游戏的变化而调整，从而创设出更加适宜的游戏空间布局。

泥土真好玩

视频二维码

▶ **案例背景**

户外游戏时间，彤彤在泥池区将泥巴团起一块放到玩泥池的边沿，她在边沿的窄小平面处搓了许多小小的泥条，由于平面较窄，小泥条容易断开，彤彤每完成一根后需要将它与之前的泥条连在一起。与彤彤商讨后我们在泥池加了一张桌子当作操作台。老师与幼儿进行玩泥区空间使用布局的计划商讨。

▶ **案例描述**

1. 观察游戏图片，对比改变游戏空间位置后的感受

游戏后，老师出示了一张彤彤在泥池边沿搓泥条的照片，请彤彤分享自己在做什么。

彤彤："我用泥巴做面条，做了好多的面条。"

老师："在制作时遇到什么困难了吗？"

彤彤："做好的泥总是断开，我就再接上。"

老师出示了第二张彤彤的游戏照片，照片中彤彤在桌子上搓泥条。

老师："请彤彤讲述为什么到桌子上进行游戏了。"

彤彤："因为边沿上太小了还有线，不好在上面搓面条，所以就在桌子上玩了，桌子上平。"

老师："通过彤彤讲述自己的游戏过程，彤彤从窄小不平的边沿转移到了平整的桌面上搓面条，这样面条就不会断开，可以通过改变游戏的位置，让自己在更舒适的地方游戏。"

佳瑞："还可以在菜板上搓面条，搓好的放盘子里。"

梓烨："我和哲哲做汤圆。"

小宇："我在土最多的地方挖呀挖，挖出了宝石。"

老师将小朋友讲述自己与同伴玩的游戏记录到了纸上。

2. 观察泥池全景图，一起讨论规划泥池的使用空间

老师："做汤圆和搓面条都属于厨房类的游戏，挖宝石属于寻宝类的游戏，小朋友觉得我们在哪里设置厨房，在哪里寻宝比较合适呢？"

萱萱："我觉得厨房在水管附近比较好，因为我们做饭需要水。"

彤彤："也需要土，因为我是把水和土和在一起玩的。"

根据讨论，结合泥池和周围的设施，将厨房设置在距离水管近并且盛土也方便的边缘，老师请彤彤和小宇分别在图片上进行标记。

伊伊："我喜欢跳泥坑。"

雯雯："就在平地那跳行吗？我们都在那跳。"

随着游戏的种类增多，根据小厨房、寻宝区、跳跳坑和泥池大致划分出了 2 ～ 3 个游戏区域。

▶ **案例分析**

1. 讨论过程中鼓励幼儿运用语言描述自己的游戏过程，有依据地说出自己的观点。讨论中老师适时介入，例如，将幼儿的语言重新组织具体地表达一遍，起到示范作用，同时能够让大家理解发言幼儿要表达的意思。

2. 小班幼儿处于自己或与同伴玩相近的平行游戏阶段，当彤彤在游戏时加入了一张操作桌，更换游戏位置后，调整位置是否方便与自己游戏。创设游戏空间时，站在幼儿立场，使幼儿参与到布局设计中来，满足幼儿情感。

3. 教师引导幼儿观察对比图片的方法，观察彤彤两张游戏照片发生的变化，观察泥池全景图将讨论的结果进行标记，方便大家调整泥池布局时使用。

▶ **解决策略**

1. 教师观察幼儿自主游戏状态，通过孩子行为反思空间是否合理，以孩子需要创设适宜的空间环境。

2. 泥池内部离水管近的边缘放置操作桌作为小厨房，将泥池分为高、矮、平的三个区域分别玩寻宝、泥工、跳泥坑游戏；泥池边沿改平加宽；泥池外部排水附近修踩水池，水深 $0.15 \sim 0.3m$。

3. 出示直观的照片、视频，帮助幼儿理解和发现。

（石家庄市第三幼儿园　李杰）

微信扫码
AI 教学助手
内容图谱
知识图卡
保育笔记

灵活的空间

室外空间的设计应当具备灵活性，能够适应不同的活动和游戏，同时方便未来的调整和升级。使用过程中，各个空间呈现出流通、联动、灵活及开放的特点。

干杯吧，朋友

视频二维码

▶ **案例背景**

户外活动，瑶瑶爬上了滑梯，突然对着下面的晴晴说："把咱们的杯子拿上来，可以制作奶茶。"晴晴听到后跑向沙池旁的置物架拿上两个杯子后快速地跑了回来，晴晴："我们可以开奶茶店。"随后，两个小朋友在滑梯上面的尖顶棚下玩起了"娃娃家"。

▶ **案例描述**

琪琪和凯凯在沙池区制作了蛋糕，随后他们带着这些蛋糕走到了滑梯下方买奶茶。

　　瑶瑶转身将绒球放入杯子中，通过滑梯尖顶棚下的洞洞放上去，并模仿了"叮叮"的声音。随后，她用筷子代替吸管，将奶茶递给了琪琪。晴晴也快速地为凯凯制作了一杯奶茶。

　　晴晴观察了一下四周的环境，然后说："这里梯子就是入口，滑梯那边是出口，你们可以上来喝奶茶。"

　　凯凯和琪琪看了看滑梯，可以在这里吃蛋糕喝奶茶。于是，在小木棉的协助下，他们将从沙池区制作的蛋糕搬运到了吊桥的木板上。

　　滑梯上的人越来越多，凯凯看向老师说："奶茶店里太乱了，蛋糕都放不下了，这可怎么办？"孟老师："什么原因导致的滑梯这里很乱？"

　　小布："很多人来买奶茶，并且滑滑梯离开，走的时候要路过放蛋糕那里，所以就这么乱。"

　　小木棉："应该把蛋糕换个地方，不能放在人们路过的地方。"

　　豪豪："我们可以让顾客走另一个方向。"

　　丫丫："我们分出两个区域，一个区域放蛋糕，一个区域过人。"

　　凯凯看了看周围，指着涂鸦区："那边，那里有两个很大的圆形椅子可以坐着吃。"其他幼儿也跟着凯凯，拿着奶茶和蛋糕坐到涂鸦区的椅子上进行品尝。

小朋友们把制作好的蛋糕放在离滑梯最近的沙池区，把制作好的奶茶放在滑梯上，将这两个区域创设成取餐区，涂鸦区变成了就餐区。

随着奶茶店的生意越来越火，许多小朋友也跟着加入了游戏。

▶ 案例分析

1. 幼儿展现了团队协作和解决问题的能力。当发现滑梯空间不足，蛋糕摆放混乱时，积极寻找解决方案。他们通过讨论和尝试，提出了多种解决方案，如更换蛋糕存放位置、改变顾客行走路线等。这次经历，幼儿体会到了共同寻找解决方案的乐趣。

2. 幼儿的创造力和想象力得到了充分发挥。他们将三个不同的空间区域结合在了一起，通过交流讨论，充分利用了涂鸦区的物品摆放，以及对游戏场地的距离观察，进行空间布局与交通规划的改变。在灵活的空间里进行了游戏组合，反映了他们对空间布局的充分利用能力。

3. 当幼儿们提到"娃娃家里太乱了"时，教师并没有忽视这个问题，而是借此机会引导幼儿思考如何保持游戏环境的整洁和有序。这种关注不仅有助于提升幼儿的游戏体验，也有助于培养他们的责任感和秩序感。

▶ 解决策略

1. 使用标识和隔离物：在"蛋糕"存放区周围设置明显的标识，

如"请在此处取蛋糕"等图样，引导幼儿进一步感受空间布局和交通规划，帮助他们理解如何在有限的空间内合理安排物品和人员流动，提高空间利用率和通行效率。

2. 在幼儿游戏时构建幼儿心理安全氛围，给幼儿营造自由自主的游戏氛围，支持幼儿自由大胆地尝试不同空间的游戏体验。

3. 丰富幼儿对空间的灵活运用经验：通过幼儿绘画表征描述游戏的过程和幼儿进行游戏分享。

（石家庄市第三幼儿园　孟迪）

探秘我的幼儿园

▶ 案例背景

户外游戏时，沐沐邀请宥宥站在他身后的小车后座踏板上，两个人同骑一辆小三轮车出发了，前方遇到大型玩具，沐沐提醒宥宥低头，随后他们骑着小车越过了小河，走过了路面不平的石子路，翻过了台阶……

▶ 案例描述

户外活动时间，小朋友们自主选择了小车骑行，沐沐带着宥宥骑上小车出发了，他们骑着小车飞驰在空旷的塑胶跑道上，骑着骑着，他们来到了大型玩具的位置。

沐沐提醒宥宥："你要注意安全啊，我们要钻过去了，低下头，别被碰到。"宥宥听从了沐沐的提醒，他们小心翼翼地通过了玩具区。

沐沐问道："咱们接下来去哪儿？"

宥宥说："我们去小花园转转吧。"

经过了泥土区，绕过了凉亭，他们来到了河中间的小桥旁，在桥头的一端有一段凹凸不平的石子路，车轮被凸起的石子卡住了，沐沐先是尝试了几次用力骑行发现无法通过，于是，转身和后座上的宥宥说道："你先下来，我们推过去。"

宥宥说："好！"宥宥下车后，在车的后面推着小车，沐沐在前面拉着小车的把手，一起通过了石子路。

紧接着，车的后轮又被小桥右侧的水泥墙卡住了，沐沐和宥宥还是采用一人拉一人推的方式尝试解决问题，但是经过多番尝试后发现都无法将小车拉到桥上骑行。

这时，沐沐说："我们倒车吧，把车倒出去。"说罢，他们马上行动，把车倒出来后，重新选择了一条路线越过小河，这条新的路线一边有石墩和木桩，一边紧邻河边。

宥宥嘴里嘟囔着："我们要掉河里啦，我们要掉河里啦。"听到宥宥呼喊声音的沐沐连忙下车准备把小车拉过去，但小车的左后轮又被石墩卡住了。

沐沐说："我们把它搬走吧。"沐沐尝试后发现挪不动，于是就把目光转向了旁边的木桩，沐沐把木桩搬走后，他们一人推一人拉成功地走过了这条狭窄危险的路段。

沐沐再次带着宥宥出发了，后面他们又合作翻过了台阶，回到了空旷平整的塑胶跑道上……骑行之旅还在继续，他们还会去哪里呢？

▶ **案例分析**

1. 沐沐和宥宥在骑行过程中都有提醒对方注意安全，能够提前预判危险发生的可能性，说明两名小朋友有较强的安全意识。

2. 在小花园的骑行过程中，无论是面对凹凸不平的石子路还是小桥的困境，沐沐和宥宥一起面对挑战，共同寻找解决方案，通过下车、推行、倒车换路等方式成功解决了难题，具有合作意识和解决问题的能力。

3. 在游戏中，他们在遇到了小桥和石子路的障碍时，没有选择避开和放弃，而是将其转化为游戏的一部分，用创造性的方式应对。通过转换骑行线路，灵活地运用空间的不同布局，显示了在动态空间中应对变化的能力以及适应环境的灵活性。

▶ 解决策略

1. 不同质地的道路为幼儿提供不同的感官体验。为了使幼儿的感官体验更加丰富，幼儿可在不同活动场地利用多种材料自主创设骑行路面，根据场地的空间安排增加难易不同的骑行路面或障碍。

2. 提供骑行场地的安全性、多样性与挑战性。在骑行活动前，对场地和骑行工具进行全面的安全检查，与此同时把探索的场地还给幼儿，利用不同路况的场地为幼儿提供一个既安全又富有挑战性的探索空间。

3. 幼儿绘制骑行游戏的路线图，鼓励幼儿观察和描述周围的空间环境，深化幼儿对位置、方位和空间关系的感知。

（石家庄市第三幼儿园　曹利鑫）

童趣的空间

在规划游戏空间时，需充分考虑幼儿的年龄特性，清除无关的装饰，最大限度地保障幼儿的游戏空间。同时，注重营造积极的心理环境，以促使幼儿更加投入地参与游戏。

涂呀，涂鸦

视频二维码

▶ **案例背景**

户外涂鸦正在进行，鹏鹏小声说道："哗啦啦，下小雨啦！"桥桥被鹏鹏的声音吸引了，他看到涂鸦区的白色墙面上正在落下红色的雨。桥桥对鹏鹏说："咱们一起下小雨吧！"

▶ **案例描述**

　　鹏鹏和桥桥有关下雨的讨论吸引了灿灿，灿灿看到他们下的小雨说："我来帮你们再挤些颜料，这样就可以下出彩虹雨啦！"他们三人拿着小蘑菇头的海绵刷蘸上水再蘸上不同颜色的颜料在白色的墙面上戳了起来，红色、黑色、绿色的水滴顺着墙面落到了地面，形成了彩虹雨。

　　在一旁涂鸦的泽泽看到后走过来，想了想说："可以在竹林园的地面上下小雨，雨最后都会落在地面上，我们还可以拿着小蘑菇头的海绵刷在地面上下小雨。"

　　洋洋看到竹林园的两棵小树间挂有透明塑料膜，他说："小雨可

以从这个塑料膜上面掉落下来，肯定很好看。"

鹏鹏提出建议："咱们去这几个地方都涂一涂，看看在哪里下的小雨更好看。"几位小朋友开始在墙面、地面、塑料膜等空间探索下小雨。

几位小朋友发现在下雨后自己的雨鞋被雨滴打湿了，雨鞋也落上了不同颜色的雨水，变成了五彩雨鞋。

▶ **案例分析**

1. 案例中，鹏鹏的下雨游戏吸引了其他幼儿加入游戏之中，幼儿共同体验下红色的雨、在不同的位置下彩虹雨。幼儿自发对游戏进行挑战和升级获得了快乐的游戏体验。

2. 幼儿自发的下雨游戏源于生活中的经验，鹏鹏在生活中看到过下雨，便将下雨这一自然现象与涂鸦游戏相结合，开始尝试在涂鸦区进行下彩虹雨的游戏活动。

3. 案例中的幼儿分别在涂鸦墙面、地面、两棵树之间的区域进行下小雨的涂鸦探索活动，教师在游戏中给予幼儿自由探索的空间权利，支持幼儿探索不同的空间与设施带来的游戏体验和感受。

▶ 解决策略

1. 给予幼儿轻松、有趣的游戏环境，在涂鸦区给幼儿投放适合幼儿操作且方便取放的涂鸦工具和材料并定期进行补充和更新。

2. 考虑涂鸦墙面高度与幼儿身高的匹配程度，是否方便幼儿游戏；根据涂鸦幼儿的数量考虑园所涂鸦墙面积的可容纳量。

3. 涂鸦区不仅可以有幼儿涂鸦的建筑墙面，还可以垒砌一些低矮的墙面；在矮墙周围可以投放梯子、垫子、木板等辅助材料，为幼儿创设冒险又有趣的游戏环境。

4. 颜料、画板、画笔等材料投放的位置要方便幼儿取用；选择具有易冲刷、好涮洗特点的颜料供幼儿使用。

5. 涂鸦游戏前，教师需对幼儿的雨鞋和罩衣进行检查，幼儿的罩衣和雨鞋位置需方便幼儿穿戴；游戏结束后，组织幼儿有序清洗和收纳涂鸦的工具和材料，换回户外鞋后将自己的雨鞋表面进行擦拭，方便下一次的涂鸦游戏。

（石家庄第三幼儿园　张炜雅）

探索的空间

幼儿园的室外环境设计应注重激发幼儿的探索欲望，为他们提供一个富有趣味、充满挑战的游戏空间。比如，幼儿在沙水区游戏过程中，自由探索沙水的奥秘，感受大自然的神奇魅力；在种植区种植花草、树木，观察它们的生长过程，了解生命的奥秘……

水到渠成

视频二维码

▶ 案例背景

孩子们在沙地厨房玩过家家的游戏，扮演爸爸的麦兜说道："这样一桶一桶地运水好累啊，这边要是能有管道就可以让水流过来了！"尧尧说："那边有管子，我们试一试吧。"一场奇妙的"引水"探究之旅便开始了……

▶ 案例描述

尧尧说："我们要挖一条长长的水渠，让水顺利地流到沙池中。"

尧尧话音刚落，孩子们就立马去搬PVC管道开始行动起来，此时一组小朋友将 U 型槽连接起来，平铺在水池里，试图让水流到隔壁的沙地去；另一组孩子则尝试将 PVC 管连接起来。这时，问题出现了：在接头处连接不稳，总是容易断开。孩子们尝试了很久都没有办法让水流过去。

轩轩："自然区有奶粉桶，我去拿过来，支住管道就不会断了。"

可是奶粉桶老是倒，这时麦兜说在奶粉罐里面加一些水吧，大家发现这样奶粉罐就能更加稳固。大家纷纷往奶粉罐里面加水，这一次大大减少了奶粉罐倒下的概率。

一组小朋友尝试将几根 PVC 管放在奶粉罐地面的凹槽连接，可是水还是没有办法流过去。这时，教师关注到部分孩子开始思考引水渠的坡度与水流的关系。

教师提问："为什么流不过去？"

涵涵一听立马回答道："必须挖一个小山坡，才能流过去。"

其他小朋友听到了，便尝试用沙子来垒高。有的挖坡道，有的用木块垫起来，可是木块上面根本放不稳水桶。孩子们又尝试将两个水桶叠在一起，这样高度就合适了。可是没过一会儿水桶还是会倒，连接的管子又再次断开。

看到孩子们有些想要放弃了，教师又问道："你们想想还需不需要其他什么辅助材料呢？能替代奶粉桶架高支撑呢？"

听到后，他们又从玩具柜中找到了沙水组合套装的各类木板，紧接着他们开始从物体的高矮顺序进行摆放，替换掉原有的奶粉桶后，再连水管。水管在经过架高后再从水池到地面就有了一个坡度，水开始渐渐地在水管里流动起来。

▶ 案例分析

1.幼儿在游戏过程中，通过一次次探究尝试建构了新的知识经验，并且能将这些经验运用到下一次探究中。同时在游戏中，还不难发现幼儿对水往低处流的自然现象有一定了解。所以才有了垫高奶粉桶、替换木板等一系列做法。

2.在解决坡度问题上，孩子们遇到最大的困难在于水池和地面的高度差，他们通过目测、实践、反复尝试，最终在教师的启发下，获得成功体验。过程中体现出他们通过现象去探究具体事物和解决实际问题，并在此过程中不断运用和重组自己的经验。

▶ 支持策略

1.投放的材料应该让幼儿有较大的操作空间，能用不同的方法进行探索，让幼儿在发现中学习。

2.探索区可为幼儿提供不同规格、质地的多种材料，其中可以含有像案例中奶粉桶这样的废旧材料，在探索中通过观察、思考、探究，发现问题，懂得这些现象产生的具体原因等。引发幼儿考虑材料反复使用的可能性，为幼儿提供丰富的学习内容。

3.多提供开放性的材料，激发幼儿的好奇心以及更多自发性和探索性行为。在相同材料的情况下，幼儿的操作、改变和组合方式可能存在很大差异，他们所发现和感知的事物特性及关联也各不相同。

（张家口市万全区第一幼儿园 王小月）

微信扫码
● AI 教学助手
● 内容图谱
● 知识图卡
● 保育笔记

第三节　室内空间

一、空间颜色设计

良好的室内空间环境设计需要通过墙壁、教具、桌、椅等色彩的协调搭配来实现。室内色彩搭配要充分考虑幼儿的心理及生理需要，运用明度、纯度、冷暖来反映空间性格，营造空间感受等。在具体的设计过程中，鲜艳、明丽的色彩最能表达幼儿的感情，吸引幼儿的目光，并使他们的性格变得更加开朗。

二、家具选择与规划

室内空间的家具对幼儿的学习、娱乐和休息起着至关重要的作用。依据人体工程学的原则，幼儿的身高与家具的尺寸和尺度应紧密契合，包括家具的安装高度。家具的摆放位置和功能规划可根据幼儿的日常使用情况进行合理规划，避免储物架的过度使用导致游戏区域狭窄封闭。通过视觉设计，使幼儿能够清晰地观察到室内各游戏区的分布，为他们营造一个宽敞、开放的游戏空间。

三、空间照明

室内空间照明需要满足幼儿的实际需要，充分考虑照明强度、采光需要以及照明时间，考虑空间内自然照明、人工照明实际情况。在阴天或者光照不足的时候为遮蔽区域做好光照补充，并且在教师工作区以及幼儿学习区要适当调亮光照。

班级空间

　　班级空间作为幼儿在园生活的重要场地，创设时需要兼顾幼儿生理需求与幼儿心理需求。

　　首先，教师需要关注的是班级空间的安全性。在设计班级空间时，要确保场地平整、无障碍物，避免尖锐、突出的物体，以防止幼儿在活动中受伤。定期对班级空间进行安全隐患排查，确保幼儿的安全。

　　其次，班级空间的布局要合理。合理的布局可以提高空间的利用率，使幼儿能够在有限的空间内开展丰富多样的活动。布局时要考虑到幼儿的行动路线、活动范围以及互动关系，以便于幼儿之间的交流与合作。根据幼儿的年龄特点和兴趣爱好划分班级区域，如阅读区、玩具区、创作区等，以满足幼儿多样化的需求。

　　最后，注重班级空间的氛围营造。一个温馨、舒适的班级空间能够给幼儿带来愉悦的心情，有利于他们的身心发展。例如，使用温暖、明亮的色彩搭配，使空间显得更加温馨；在墙壁上悬挂幼儿的作品，展示他们的成长过程；创设自然角，增加空间的生机与活力。

场馆分工表

视频二维码

▶ **案例背景**

　　随着动物园主题的启动，小朋友们基于个人兴趣选择了不同的场馆进行探索和游戏。为了确保游客和管理人员能够清晰地理解各个场馆的职责分配，大家一致决定制作一份详尽的分工表，并将其张贴在班级墙面上，供大家随时查阅。

▶ **案例描述**

　　在大家制作分工表的过程中，不同小组的小朋友们采用了多种方法来记录和展示各自的分工情况：孔雀馆的孩子们选择了双重列表的形式进行详细记录；长颈鹿馆的孩子们则通过图标与学号的对应连线方式来展示；而老虎馆的孩子们则选择将新增设施绘制在一起，集中写出小组的学号。

　　然而，宁宁提出了一个疑问："老虎馆的分工表让人无法明确每个人的具体职责。"灿灿也附和道："所有的设施都画在一起，这对游客来说并不方便。"面对这些反馈，老虎馆的孩子们开始积极寻找解决方案。泽泽提议："我们可以借鉴长颈鹿馆的方法，用线条连接设施和对应的学号，这样一来，每个人的任务就一目了然了。"说完，泽泽迅速动笔进行了修改。

　　不过，这样的改动又引发了新的问题："线条太多，交织在一起，看起来很混乱。"川川提出了自己的见解："如果我们能像长颈鹿馆那样使用直线，并将设施整齐排列，那么线条就会变得笔直。"周老师进一步明确了这一点："你是说，我们应该把设施整齐地排列，然后在每个设施旁边标注上学号，再用线条连接，对吗？"川川点头。在得到其他小朋友的认可后，老虎馆的孩子们重新调整了自己的分工表，并将其粘贴在靠近场馆的墙面上。

老师进一步引导："看到大家已经将分工表展示在各自场馆内，这样游客就能轻松了解每个场馆内的设施和服务了。我们还能利用图示、表格等方式来改善班级的哪些方面呢？"茗茗提议："我们可以制作一张关于文明参观行为的图表，告诉大家如何不干扰动物，爱护馆内物品。"尧尧补充道："我们已经学到了很多节目，可以把它们展示出来供大家欣赏。"经过讨论，小朋友们简单梳理出了主题墙展示的内容和板块。

▶▶ **案例分析**

1. 幼儿在动物场馆建设中意识到分工不够明确，通过讨论决定制作分工表以便于他人理解各场馆的工作。这表明中班幼儿已经具

61

备分工合作的意识，并能站在游客的角度思考问题。

2.在记录分工表时，幼儿根据以往的经验设计出不同的记录形式，并通过表征将这些事物和经验内化。在交流对话中，他们能够获得新的知识和信息，从而拓展自己的经验。

3.当老虎馆的分工表出现问题时，小组成员们共同寻求解决方案，并认真采纳其他组的建议，进一步完善了自己的分工表。这体现了他们在遇到问题时不轻言放弃，而是积极寻求解决办法的精神。

4.教师将主题墙的空间留给幼儿，让他们成为主导者。通过提问引导幼儿审视周围环境，促进经验的迁移，并用表征和粘贴的方式丰富主题墙。

▶ 解决策略

1.以主题为核心，为幼儿提供与丰富资源互动的机会，鼓励他们将自身经历作为叙述主题，通过绘画、图片、符号等多样化的表征方法来体现他们的学习与思考过程，并在班级墙面上进行展示。教师可以简要记录文字，以便追溯师幼共同探索的轨迹。

2.将墙面的创作权交给幼儿，内容应遵循他们的心理逻辑，并与他们的研究进度保持同步。务必避免为了应付检查而提前展示或由成人代替完成的情况发生。

（石家庄市第三幼儿园　周亚会）

搬过来搬过去

▶ **案例背景**

　　打击乐活动开始了，乐乐坐在后排最边上，他发现自己看不到前面的图谱，于是请萱萱帮助他将旁边的角柜移到靠墙位置。这一举动引发了班级其他小朋友对区域活动中空间布局是否合理的思考……

▶ **案例描述**

　　在区域游戏中，乐乐、萱萱和月月去积木区选取材料，随后昊昊和彤彤也来拿积木。几个人同时出现在区域内，月月说着自己被小朋友拥挤得根本无法出来。在乐乐的建议下，大家开始思考怎样让空间布局变得更加合理。

乐乐说："大家排好队，一个一个拿，这样就不挤了。"

彤彤说："我不和你们挤，我从这边拿。"彤彤走到了玩具柜的另一端，从玩具柜和墙的缝隙中拿积木。

萱萱说："咱们把柜子往外搬一搬打开一个通道，这样就可以从两边拿了。"

月月说："这个办法好。"几个孩子一起搬动积木柜，发现挪不动，于是跑到老师面前寻求帮助。老师了解到孩子们的需要，协助大家一起把玩具柜调整了位置。

游戏分享环节，老师邀请积木区的小朋友分享了挪动玩具柜的原因以及调整的方法。通过积木区小朋友的分享，大家了解到可以随着当下活动的需求调整班级的空间布局，以便于更好地利用班级空间进行各种活动。

▶ **案例分析**

1. 乐乐和萱萱在不同的活动中，先后发现了空间布局的遮挡与拥挤现象，他们采用把玩具柜挪开，或者挪动到合适的空间等多种方法进行调整，改善了空间与活动的灵活性。

2. 幼儿能够重新审视班级环境，根据不同的活动需求随时调整空间布局。这种注重环境创设与调整的做法，不仅有助于提升幼儿活动的质量和效果，还能让幼儿在更加舒适和便捷的环境中学习成长。

3. 教师及时捕捉到幼儿因为空间狭小而拥挤等问题后，面对幼儿的需求和困难，没有直接介入解决，先了解幼儿的想法，尊重了幼儿的主体地位。这种尊重不仅有助于培养幼儿的自主性和创造性，还能让幼儿感受到自己的意见被重视，增强他们的自信心和归属感。

4. 教师的分享环节有利于同伴间的相互学习，使分享者有机会向同伴们展示他们的思考和行动过程，同时为倾听者提供了思路。

▶ **解决策略**

1. 日常活动中给予幼儿充分自主探索的权利和时间，以幼儿需求和视角为基点，鼓励幼儿自主规划，大胆表达自己的想法，不断尝试调整，继续合理优化班级的空间布局。

2. 在空间优化过程中，支持幼儿大胆尝试与探索，为幼儿的想法提供支持和帮助，不以成人自己主观为出发点，包办代替。

3. 教师及时关注幼儿需求，在集体分享、区域活动、幼儿自主进餐等不同环节发生的具体情况中，随时支持幼儿更改、优化班级空间布局，达到在有限的班级空间内实现最便于幼儿活动的布局。

（石家庄市第三幼儿园　张爱红）

微信扫码

- AI 教学助手
- 内容图谱
- 知识图卡
- 保育笔记

"纸"为帮助你

视频二维码

▶ **案例背景**

　　进餐结束后，小朋友们习惯用餐巾纸擦掉嘴上的食物残渣，到底餐巾纸摆放在哪里更便于小朋友们使用呢？随着小朋友们座位的变动，餐巾纸也在不断更换位置……

▶ **案例描述**

　　小朋友们使用的餐巾纸在水杯柜上放着，每当用餐结束后，小朋友们都会走到水杯柜取餐巾纸擦嘴，由于擦嘴漱口的小朋友很多，不仅会出现拥挤等待的现象，还会影响到拿水杯漱口的小朋友。

　　今天，旭旭吃完饭准备去擦嘴时，看到有很多小朋友站在柜子旁拥挤，这时，旭旭转向老师说："咱们把餐巾纸换一个位置吧，我们都在这里拿餐巾纸，小朋友们也不排队，特别拥挤，而且特别

慢。"站在旁边的浩浩说："对，我们把餐巾纸放在我们用餐桌上吧！小朋友吃完饭，就可以直接拿餐巾纸擦嘴了。"

旭旭说："我们现在只有一包餐巾纸，但我们还需要五包餐巾纸，一张桌子上放一包餐巾纸。"于是，老师又为小朋友准备了五包餐巾纸。旭旭和浩浩将六包餐巾纸分别放在小朋友用餐桌上，小朋友各自回到自己的座位上擦嘴。

老师补充道："你们通过改变餐巾纸的位置，增加它的数量更加便于你们的使用，那你们觉得这个方法还可以优化班级哪些空间的利用呢？"

旭旭又说："放餐桶离我们的水杯柜也太近了，小朋友们排队也很拥挤。"

浩浩说："我们可以把餐桶换一个位置，再放一个桶就不拥挤了。"

浩浩说："对，我们还可以把餐桶调整到两个，两个餐桶分开摆放，小朋友放餐具时也不会拥挤了。"于是，孩子们把两个餐桶分开摆放在了餐桌两端，将放餐具人数分流，避免了拥挤和排队等待的现象。

▶ 案例分析

1. 幼儿发现取放餐巾纸不便时，通过商讨决定更换餐巾纸的位置，增加餐巾纸的数量，同时，能够通过实物对比，找到物与数量之间的对应关系，可以看出幼儿对空间有了一定的规划意识。

2. 当班级物品不适合幼儿使用时，幼儿有很强的责任意识，在合作中两名幼儿分析问题，有效沟通，通过摆放餐巾纸的位置，说明幼儿操作执行的能力很强。

3.教师的建议引发了幼儿的深入思考，教师把解决问题的权利赋予幼儿，幼儿从亲身体验尝试中获得经验。

▶▶ 解决策略

1.以幼儿自主进餐为切入点，将班级物品空间位置权利赋予幼儿，通过观察、对比、尝试和经验迁移等形式支持幼儿对班级物品调整到自己所需要的位置。从幼儿视角出发，切不可以用成人的视角随意摆放班级物品。

2.班级环境的主人是幼儿，幼儿在环境中能够感知空间与物品摆放的关系问题，教师充分支持幼儿自主探索，给予幼儿自由自主的探索尝试。在幼儿的对话中适时地介入引导，推动幼儿思考和经验迁移。

（石家庄市第三幼儿园　黄雅）

自然角的诞生

视频二维码

▶ **案例背景**

升入大班以后，孩子们发现班级里面只有几个孤零零的花盆，没有他们喜爱的绿植，于是，孩子们决定一起来创设一个自然角。关于自然角的故事就在孩子们你一言我一语的讨论声中拉开了帷幕……

▶ **案例描述**

小勃："我们还像之前一样收集一些大蒜，蒜苗长得又快又好。"

萱萱："我还想水培一个洋葱，它的根须长得可长了，上次我还没有来得及量一量到底有多长就放假了，这次我一定要量一量。"

小屹："我姥爷家有土豆，我要种土豆。"

铄铄："我姥姥家有红薯，我想带一些红薯放在自然角。"

颖颖："昨天我妈妈买了很多大葱，都栽到了花盆里，我也要在咱们班的花盆里栽大葱。"

梓毅："我带两个葫芦吧。"

纯元："我想种玉米，等我去奶奶家拿些玉米种子。"

小昂："我们可以找点绿豆，喷点水，绿豆就能发芽了，我奶奶就是这么做的。"

玥玥："还种胡萝卜吧，中班的时候我种的胡萝卜死了，水培的胡萝卜生虫子了，这次，我还想试试。"

……

温老师："这么多的东西，我们放在哪里合适呢？"

小宁："放楼道吧，那里地方可宽敞呢，肯定能放下。"

睿睿："肯定不行，放楼道太不安全了，其他班小朋友们散步的时候会不会有影响？"

小祺："我们放窗台吧，还能晒太阳，植物需要阳光。"

玥玥："那里有栏杆，太高了，我们根本够不到。"

小昂："温老师，我们放在柜子上面可以吗？那里可以晒到太阳，地方也大，方便照顾植物。"

小卿："对，我也想放在那边的柜子上。"

小朋友们纷纷附和，都觉得小昂的主意很好。

温老师："但我有一个问题，你们如何把这些东西整齐地放在柜子上？"

帆帆："就像我们之前那样，分类摆放。"

温老师："该怎么分类呢？"

优优："设置好水培区、种植区、土培区。"

小昂："还有陈列区。"

经过讨论，小朋友们对于自然角的创设已经初具模型。

▶ 案例分析

1.幼儿发现在班级里没有自然角的情况下，经过自主讨论，大概确定了呈现自然角的方式，说明大班的幼儿已经具备了良好的思考能力。

2.问题在幼儿的讨论中不断解决，这一过程中，激发了幼儿的表达欲望，提高了幼儿的语言表达能力。

3.幼儿在设计自然角时，能够根据已有的经验进行迁移并进行总结，说明幼儿已经将经验内化，并形成了自己的学习方式。

▶ 解决策略

1.教师创设宽松的班级氛围，支持幼儿参与班级空间建设中，允许和支持幼儿根据自己的需求调整班级空间布局。如当升班后植物角资源匮乏时，幼儿感知到对自然角空间的重要，以讨论的方式商量空间规划的落实细则。随后在自然角照料时，教师可根据幼儿的需要提供相应的工具，便于幼儿管理照顾自然角，最大限度地支持幼儿的研究。

2.自然角能为幼儿提供观察自然和科学发现的空间，亲自管理、探索实践的机会，是培养幼儿科学探究意识的一条非常重要的途径，因此，教师结合教育目标、教育内容的具体要求、季节性原则、参与性原则以及幼儿的年龄特点等给幼儿提供自主活动的空间，让幼儿观察、探究、发现，促进各种能力的发展。

（张家口市万全区第一幼儿园　温晓静）

童言绘语

视频二维码

▶ **案例背景**

　　在一次自主绘画活动中，孩子们兴致勃勃地投入绘画创作中，时不时和伙伴交流着画画的想法。这时，诗诗小朋友的画吸引了旁边小朋友的注意，其他的小朋友听到动静后也纷纷围拢过来，大家都觉得诗诗的画很漂亮，都想借过来近距离观看并学习诗诗的技巧。然而，画作只有一份，无法满足所有孩子同时观看的需求，这让孩子们陷入了小小的困扰中。

▶ **案例描述**

　　面对这一困境，孩子们开始讨论解决方案。康康提出："如果我们能有个地方展示每个人的画，那就都能看到诗诗的画了！"经过一番讨论，孩子们决定在班级里创设一面"绘画作品墙"，用于展示班级中每位小朋友的杰作，这样每个人的作品都能得到展示，大家也可以随时欣赏和学习。

诗诗的画作是这面作品墙上的第一幅作品，她向大家介绍了自己的画："我画的是一个童话森林，看！这是小狐狸，我用橙色来画的，它的尾巴和眼睛要颜色深一些，所以我用了不同的棕色……"孩子们聚精会神地听着，时不时地点头。

随着"绘画作品墙"的建立，班级墙壁变成了孩子们个性和创意的展示空间，之后，有更多孩子的作品也陆续被贴上了墙。不久，玉玉发现一个问题："老师，我不知道这个画的是什么。"还有的小朋友问，这个大树是怎么画的呢？谁能教教我？

　　于是教师组织了一次小讨论，梦梦很快提出一个想法："我们可以在每幅画旁边贴一张小贴纸，上面写上自己的名字和画的是什么！"小宇还提出："我们可以把想知道的记录下来，贴在画的旁边。"萌萌说："对！我们可以用贴纸来记录，这样还可以撕掉！"琪琪："我们还要在贴纸上写上自己的名字，不然就不知道谁问的了。"孩子们对这些提议很有兴趣，迅速行动起来。

　　老师这时抛出了一个问题："墙上的空白还有很多，你们还想在墙上记录些什么呢？"经过一番讨论，他们决定在"绘画作品墙"旁边设立一个小工作坊角，放置画笔、颜色贴纸和小本子，鼓励孩子们随时在空白的地方画上对作品的想象，这个角落很快成了孩子们最爱的地方。

▶ 案例分析

1. 孩子们在自主绘画活动中展现出了分工合作的意识，能够从他人的角度考虑问题，具备一定的组织和协调能力，能够针对共同的目标进行小组合作。

2. 通过记录和讨论绘画作品，孩子们使用已有经验设计不同形式的记录，体现了他们将事物和经验通过表征内化的能力。在对话交流中，孩子们获得新知识，拓展了他们的经验范围。

3. 面对绘画作品墙的挑战，孩子们表现出积极解决问题的精神，愿意采纳他人建议，通过创新思维完善方案，体现了孩子们在遇到困难时的不放弃精神和解决问题的能力。

4. 通过教师留给孩子的主题墙空间，孩子们成为活动的主导者，促进了他们审视周围环境，迁移经验的能力。孩子们通过绘画、标注和想象延伸等方式，丰富主题墙的内容，展现了他们的观察、思考和学习过程。

▶ 解决策略

1. 教师应设计以主题为中心的活动，提供丰富的资源与孩子互动，激发孩子们围绕主题进行探索、讨论和创作。通过绘画、图片、符号等多样化的表征方法，让孩子们的学习与思考过程得以可视化，并呈现在班级墙面上。

2. 墙面的内容应遵循幼儿的心理逻辑，反映他们的研究进程，而非成人的预设或期望。教师需要确保墙面的创作是幼儿主导的。教师可以通过记录、指导和提问，支持幼儿的探索过程。

3. 教师要创设充满启发性的环境，鼓励幼儿通过自我探索和小组合作来学习。通过在班级中设立"绘画作品墙"和小工作坊角，教师为幼儿提供了一个展示自我、交流思想和共同解决问题的平台。

4. 教师应持续观察幼儿的参与过程，提供及时的反馈和建议，帮助幼儿深化理解和拓展经验。通过简单记录和反馈，教师可以帮助幼儿回顾和反思他们的学习轨迹，促进他们的综合能力发展。

（中国电科网络通信研究院幼儿园　江学迪）

微信扫码
- AI 教学助手
- 内容图谱
- 知识图卡
- 保育笔记

建构区的蜕变

视频二维码

▶ **案例背景**

建构区域材料丰富，有各种各样的木制积木及场景辅材，墙体也有许多作品图，还有很充足的搭建空间……孩子们非常喜欢建构游戏，今天的主题是"火车站"搭建。

▶ **案例描述**

琪琪和她的朋友们在建构区搭建火车站，临结束时他们搭成了直直长长的轨道，心目中的火车站还未成形，收区音乐便响起来了……

琪琪说："要是能留住我们的作品就好了，这样一会儿我们还能继续搭。"

同伴们也纷纷赞同琪琪的提议，他们看向老师，了解到孩子们想法后的教师立即拿出卡纸，写上"进行中"的标识并提出"这儿当展示区！下次可以继续搭，也可以参观。"孩子们纷纷说："太好了，可以继续搭火车站了！"

教师拿出屏风，把孩子们未搭建完成的火车站围了起来，从此，建构区又多了一个展示的空间。

▶ **案例分析**

1.《幼儿园教育指导纲要（试行）》指出，幼儿作品是幼儿表达自己认识和情感的重要方式，也是他们富有个性和创造性的自我表达方式。教师对幼儿游戏行为的肯定和作品的展示，能让幼儿更加积极地进行建构活动。根据案例中幼儿的需求，我们及时将区域进行了调整，建构区出现了"进行中"的标识牌，在满足幼儿的心理需要的同时，推动游戏深入开展。

2.让建构区环境发挥"动态"效应。陈鹤琴曾说："环境的布置要常常变化。"因此环境的布置要具有动态性，而这里的"动态"是随着孩子的发现问题、解决问题进行递进式变化。因时间关系，活动时间结束后幼儿的作品并未完全成形，教师以支持者的态度积极为幼儿调整了区域活动空间，方便幼儿继续进行下次的创作，最大限度地满足了幼儿游戏活动的需求。

▶ 解决策略

1.增强对幼儿游戏行为的肯定，多展示幼儿的作品。在日常观察过程中，及时保留幼儿未完成的作品，比如，在建构火车站主题中，用视频和照片的形式将幼儿作品在谈话活动中进行分享，引导幼儿回顾自己的建构过程和遇到的问题、解决的方法等，将幼儿建构的过程性照片和建构作品贴上建构者的姓名放在展示区。

2.我们应该通过环境的创设和利用，合理规划建构场地空间。让孩子们的身心对环境有一个归属感和认同感，让他们在与建构区环境和材料的互动中发展其空间知觉，语言交流和表达能力、空间想象能力和表征能力，激发幼儿更多的创造性。

（中国电科网络通信研究院幼儿园　白士玉）

公共活动空间

　　常见的幼儿园室内公共活动空间包括：幼儿园大厅、走廊、楼梯和功能室等。在进行室内游戏时，可根据幼儿游戏、生活需要，充分利用公共区域，加大室内空间的利用率。

行走的乐园

视频二维码

▶ **案例背景**

　　室外下雨啦，小朋友对不能户外游戏而讨论起来，在室内可以玩什么呢？随后，小朋友找到老师，想在走廊里开展一些游戏，他们用即时贴等材料贴在公共区域中，创设"行走的乐园"。

▶ **案例描述**

　　正正看着外面下雨的天气，自言自语地说："我们不能出去玩了。"

妍妍说："要不就在班里玩吧。"

老师说："还可以去哪里玩？"

带着思考，大家开始讨论，"走廊太小了，我们这么多人，怎么玩呀？"正正说。昊昊指向公共区域："你看那边，那边地方大。老师，我们可以去那边玩吗？"

老师回答："当然可以。你们可以试一试走廊和公共区域串联的方式进行游戏。"

妍妍说："把走廊、公共区域都贴上跑道标志，横着竖着多贴一些，这样大家都可以玩了。"

正正说："我们分组游戏吧，这样就不挤了，我们都设计游戏，一会儿咱们就交换着玩。这样大家都能玩到很多游戏了。"

老师补充道："你们是怎样把园内的公共区域空间都运用起来，一起玩的呢？"

妍妍说："我们把一楼、二楼、三楼的楼道和公共区域都贴上了即时贴，我们给它起了一个名字，叫'行走的乐园'。"

▶ **案例分析**

1.幼儿发现不能户外游戏时，能想到换个场地进行游戏，把班级的走廊和旁边的公共区域设计到游戏场地中，对游戏空间的使用布局有一定的灵活性思考。

2.幼儿把日常户外游戏的经验迁移到不同楼层的走廊和公共区

域当中，用材料区的材料自己参与设计游戏，创造不同的游戏路线。

3. 教师的"可以去哪里？""怎样把空间都运用起来？"引发了幼儿的深入思考，在创设游戏环境中，幼儿能多次尝试运用多楼层的区域进行联动游戏。

▶ **解决策略**

1. 遇到不便户外游戏的情况时，教师可以带领幼儿逛逛幼儿园的室内环境，了解园所的各个区域，请幼儿选择或寻找适合游戏的场地。可以根据园所墙上的空间矢量图初步了解环境空间，幼儿实地感受空间大小，确定游戏场地。给予幼儿探索幼儿园的机会。

2. 教师请幼儿观察空间的大小，例如：跑步游戏，请幼儿谈一谈对于跑步空间的要求，是否便于幼儿自身的活动范围，并自己尝试，最终决定游戏规则、路线、人数以及如何自我保护。

3. 在使用公共空间场地时，教师可以引导幼儿与同楼层、同栋楼的邻居们进行空间共享，创造幼儿走出班级的机会，促进幼儿与其他班级幼儿产生更多的交流。

（石家庄市第三幼儿园　刘红红）

朵朵花开

视频二维码

▶ 案例背景

　　一天，孩子们在进行户外活动，月月不知从哪摘来了几朵小花，旁边正在活动的几个小朋友看到月月拿着这么漂亮的小花，都被吸引过来了，于是孩子们决定自己创设一个小小的花园。关于花园的故事就在小朋友们的谈论中拉开帷幕……

▶ 案例描述

　　月月："我想种玫瑰花，玫瑰花很香的。"

　　以恒："我想种太阳花。"

　　珞一："我想种像蝴蝶一样的花。"

　　小玉："我想种喇叭花，妈妈说喇叭花比较好种也好活。"

　　老师："看来我们要有一个漂亮的花园了。那我们要把它们种到哪里方便我们观察呢？"

　　思思："我们可以种在花盆里。"

　　珞一："但是有花不适合在花盆里，喇叭花需要好大地方的。"

　　桐桐："我们可以种在我们班级幼儿园外边的菜园里。"

超超："不可以，土太硬了，种子喜欢软软的，就像我们喜欢软软的被窝。"

诗越："是的，我们得松松土。"

松过土后，下一步就是播种，孩子们又聚在一起讨论起播种需要注意的事情。

知遥："不能乱撒，乱撒会不均匀。"

珞一："我们可以分开种，这里种点，花盆种一些，教室种一些。"

以恒："不行，这样太远了，我们照顾会很不方便的。"

业勋："我们可以给这片种植区划分一下，把小种子分开来种，这样就不会弄混了。"

轩轩："我们还可以制作种植牌，标清楚哪里是什么花。"

划地的工作开始了，几个孩子拿来了绳子量了量花坛的长度，确定了每个区域的大小，又请老师帮忙画线，分好地方，确定了各自播种区域。

在等待发芽的日子里，孩子们又提出了给种子盖被、准备后续照顾小花的灌溉工具、确定每日照顾花田的管理员……他们期待着花田里早日开出漂亮的小花。

▶▶ 案例分析

1. 当幼儿萌生种植花的愿望时，他们考虑到便于照料的因素，通过集体讨论决定利用班级菜地进行种植。这一行为反映出幼儿已具备解决问题的能力，并且从幼儿的对话中了解到他们对植物的种植已有浅显的经验。

2. 幼儿在进行地面划分时，运用绳子进行测量，这一行为反映出他们已具备了发现问题和解决问题的能力。在逐步的讨论过程中，积累了经验，提升了自身的表达能力及逻辑思维能力。

▶▶ 解决策略

1. 教师须确保种植活动中所有材料与工具的安全性和适用性，为幼儿的种植活动提供坚实保障，从而使活动更具科学性，充分激发幼儿兴趣，并为他们进行深度探究奠定基础。

2. 在确保环境安全的前提下，教师应构建一个开放的活动空间，为幼儿提供广泛的研究领域，以充分发挥种植活动的教育价值。除了园区固定的种植区域，教师还可以指导幼儿充分利用教室的窗台、走廊等空间，利用废弃的容器进行植物种植，鼓励幼儿积极观察和记录，分享种植过程中的精彩时刻。

3.教师应根据幼儿不同年龄段的兴趣特性和认知能力，为他们营造开放的环境并提供恰当的指导，以便让幼儿依据自身意愿进行种植、观察、讨论和记录等系列活动。

（张家口市万全区第一幼儿园　孙燕茹）

微信扫码

AI 教学助手
内容图谱
知识图卡
保育笔记

视频二维码

光和影

▶ 案例背景

户外活动时小朋友们自发玩起了踩影子的游戏，昊昊提出："咱们去科学宫看看吧，那里还能看到彩色的影子。"于是，大家来到科学宫，拿起手电筒对着各种图形的彩片玩具操作了起来。

▶ 案例描述

辉辉拿起手电筒和红色的纸片，激动地喊道，"快看，真的是红色的影子！"其他孩子也纷纷拿起手电筒和各种图形、颜色的纸片试起来。"我的是绿色的影子。""我的是蓝色的影子。"

辉辉："宁宁，你离我太近了，往那边一点儿。"

宁宁："那边没有地方了，我也没有碰到你呀。"

两个人你一言我一语地吵了起来。

"别吵了，别吵了。"旁边的昊昊叫起来。

"快看快看，变成青色的了。"两个人动了动手电筒，发现原来是碰撞在一起使颜色变了。

昊昊："在美术活动中，把颜料混在一起可以变色，要是把影子混在一起是不是也可以啊？"昊昊说完，拿来了红色的纸片和手电筒进行尝试。"啊！彩色的光出现了。"孩子们在投影面上用手做出了蝴蝶、大象、兔子、狐狸等各种手影，这时的手影也不再是我们看到的黑色手影了，而是彩色的。

木木："有一次我在喷泉边上也见到过彩色的光。"

六六："对啊，对啊，我记得我在瀑布边上也见过彩色的光。"

妍妍：“下过雨的天空中有时也会出现彩虹。”

孩子们越说越兴奋……

太阳光透过窗户照在了光盘上，彩色的光又一次被发现了。

孩子们通过商讨梳理出环境墙饰的内容和板块。

▶ 案例分析

1. 幼儿在无意中发现了彩色的影子，可以看出幼儿已有发现问题和仔细观察的能力。

2. 幼儿根据已有的经验，通过不同形式的表征将事物呈现出来，在对话交流中获得了新的知识和经验。

3. 幼儿园的环境创设是引领幼儿探索学习，梳理记录幼儿在探索中的发现和获得经验的反馈。光和影无时不在，不论是室内还是室外，都会有光和影。在科学宫中，手电筒、菱形镜、玻璃纸、玻璃瓶，生活中的各种筐等都是孩子们的游戏材料。这些都来自幼儿的生活，来自幼儿身边的环境，把它还给幼儿，帮助幼儿学会主动探索、学习。

▶ **解决策略**

1. 在户外活动中自发的游戏给予幼儿主动学习的机会，鼓励幼儿自己发现问题，尝试解决问题。

2. 在科学宫中，光源是在影子游戏中不可缺少的。充足的太阳光、彩色射灯、投影墙让幼儿感受光和影的游戏。投影箱让幼儿感受到光的远近带来的变化。中国传统的皮影戏让幼儿体验了光和影在生活中的应用。

（中国网络通信研究院幼儿园　赵文哲）

第四节　设施设备

　　幼儿园设施设备的合理配置对幼儿日常应用及习惯养成具有积极影响。此类设备应兼顾实用性与适应幼儿身体发展特性。以材料柜为例，其选型应依据幼儿身高，便于幼儿取放收纳，户外游戏区则需选用安全、牢固的收纳柜，以保证玩具的耐用性。这些设施设备应具备较强的实用性，可根据幼儿游戏需求灵活调整位置，确保幼儿使用便捷。

收纳与取放

在游戏过程中，支持幼儿自主整理和取用游戏区的玩具和材料。幼儿园应提供适宜、便利的收纳设施设备，确保幼儿能便捷地使用和存放物品。存放区域应设有明确的标识，有助于幼儿理解物品的归属及分类，以提高其整理能力。收纳设备的设计需确保安全，避免锋利边角和不稳固结构，确保幼儿在使用过程中的安全。

垫子搬家记

视频二维码

▶ 案例背景

在充满探索的建构区里，垫子的取放问题成为孩子们的一大挑战，柜子里高高垒放的垫子让小小的他们难以触及，小朋友们开始讨论怎样取放垫子，一场垫子搬家的大冒险拉开序幕……

▶ **案例描述**

　　孩子们观察发现柜子里的垫子摆放得各式各样，有的横着放，有的竖着放，而且堆得太高也难以取用。

　　想想说："老师，每次拿垫子都要找你帮忙，我们想重新摆一下，自己拿垫子。"

　　老师说："这个想法很棒，那你们想怎样摆放垫子，更方便我们拿取呢？"

　　安安说："可以按颜色来摆，一样颜色的放到一起。"

　　天天说："可以按垫子的大小分类。"

　　大家经过统计，得出垫子分为4类：大迷彩垫4个、小迷彩垫4个、红色垫子2个和绿色垫子7个。

分类完成，孩子们开始分析如何摆放大迷彩垫，讨论出了横向和竖向两种摆放方法。

刘老师："你们可以试一试这两种方法，看看哪种摆放方式更方便拿取。"

经过尝试，孩子们发现将大迷彩垫竖向摆放，侧面的把手朝外，更容易拿出。对于小迷彩垫，他们决定横向摆放，这样能占用柜子剩余空间，刚好合适。

当两种垫子都放进柜子后，底部空间已被占满，而柜子上部空间太高了，孩子们无法够到。

老师说："剩余的绿色二折垫和红色长垫，可以放到哪里呢？"

经过寻找，他们找到了西面的棚子和东面的储物间。孩子们一致认为储物间的密封性更好，能保护垫子不被雨水淋湿。于是将剩余两种垫子放在储物间。

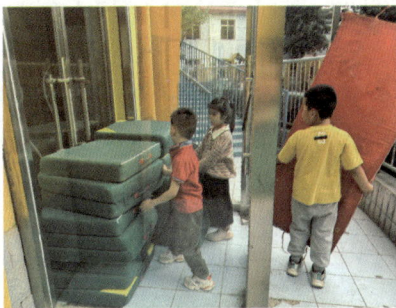

回到班级后进行分享时，老师问："我们在整理垫子的过程中，用到了哪些方法呢？"

安安说："按颜色和大小分类，从大到小摆放。"

想想："大垫子竖着摆，把手朝外，方便拉。"

天天："柜子放不下了，把小垫子换了一个地方。"

老师："在整理垫子的过程中，我们不仅用到了分类、排序的方法，还灵活调整空间，让垫子的收纳更方便取用。"

▶ 案例分析

1. 幼儿主动提出了重新整理垫子的想法，并参与到活动中来。这表明他们对环境的主动关注和解决问题的意愿。

2. 幼儿在摆放垫子的过程中展示了一定的观察和分类能力。他们通过观察意识到垫子的分类混乱，通过讨论和统计，将垫子按颜色和大小分类，体现出对对象特征的识别和归类的能力。

3.大班幼儿已经具备运用逻辑思维进行问题分析、解决和实践探索的能力。在整理垫子的过程中，幼儿讨论并尝试垫子的不同摆放方式，通过合作协商、观察、比较找到了最合适的摆放方法，展示出一定的逻辑思维和实践能力。

4.教师的鼓励和提问给予幼儿充分探索空间，支持幼儿自主探索垫子的最佳摆放方式，提升了幼儿合作协商、自主解决问题的能力。

▶ **解决策略**

1.老师鼓励幼儿积极参与垫子摆放的讨论，从彼此的观点和经验中学习和借鉴。通过师幼互动，幼儿将零散的摆放思路整合成完整的解决方案，从而解决垫子摆放问题。

2.教师和幼儿回溯游戏，以谈话方式共同梳理总结垫子搬家过程中运用到的分类、统计、排序和空间利用的方法，巩固所学知识。

（石家庄市第三幼儿园　刘晴）

沙池成员分家记

视频二维码

▶ **案例背景**

　　户外活动时间，小朋友们来到沙水区进行游戏，诚诚想找一个小桶，妙妙想找一个小铲子……可是在玩具筐里找了半天也没找到。于是，小朋友们便决定给这些杂乱无章的工具进行一次大整理，方便小朋友快速找到自己需要的工具。

▶ **案例描述**

　　小朋友们来到沙水区整理堆放的工具，他们首先将所有东西摆放在地上，大家看着各种各样的工具讨论如何整理。

　　诚诚："我们需要更多的筐子，然后可以把红色工具、蓝色工具、绿色工具分开摆放。"

　　美美："也可以把所有的小铲子放一起，小桶放一起。"

　　根据小朋友的讨论，大家一致决定按照工具的数量、颜色、类型来划分。在尝试操作的过程中，大家认为按照数量划分不利于寻找想要的工具；按照颜色划分又觉得工具色彩过于丰富，最终决定按照工具类型分不仅方便整理还便于取放。于是，小朋友们将所有工具摆放得整齐有序。

　　第二天，小朋友再次进入沙水区时发现原本整齐的工具又混乱了，经过分析大家认为可能是别的班小朋友在玩沙时弄混的。

　　老师提出："怎样才能让所有小朋友知道我们的分类方法呢？"

　　妙妙："可以在筐子上贴工具的照片。"大家很赞同妙妙的想法，于是老师协助小朋友将照片打印出来作为标识贴在了玩具筐上。

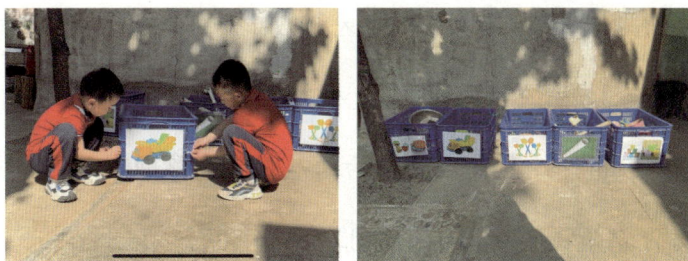

▶ **案例分析**

1.幼儿面对杂乱无章的工具时敢于提出自己的想法，在反复操作中寻找适宜的收纳方法，从中获取了不同分类方法的直接经验。

2.通过幼儿持续对收纳工具的关注和完善，调动了其长期积极探索的兴趣，同时整理好的工具箱让幼儿有很大的成就感，收纳意识和责任意识也在这个过程中慢慢形成。

3.教师的补充建议"怎样才能让更多的人知道我们的方法呢？"有助于小朋友更全面地思考整理收纳的方法，同时也让更多的人了解了标识的作用。

▶ **解决策略**

1.教师帮助幼儿选取收纳工具时要注意选用足量且便于取放、清洁的工具。例如，沙水区工具会沾染很多的水和沙子，所以收纳筐可以选用带孔、易清洁的款式；工具柜的选择要和材料的尺寸相适宜，例如，工具柜选用可调节的移动隔板，不仅方便幼儿拿取，同时还可以收纳不同大小的材料。

2. 教师为幼儿提供参与其他区域收纳取放的机会，例如，陶泥区、涂鸦区、体能区等，这样不仅可以帮助幼儿对收纳的经验进行迁移和完善，也让幼儿在今后的活动中感受到整理收纳带来的便利。

3. 收纳整理要随着孩子的经验、材料的丰富、区域的变化等不断实践、优化和调整，找到幼儿当下最便利的收纳方法。

（石家庄市第三幼儿园　李曼）

微信扫码

● AI 教学助手
● 内容图谱
● 知识图卡
● 保育笔记

清洁与盥洗

　　倡导并支持幼儿自主清洗和整理，提供一系列便利且丰富的清洗设施和工具。清洁与盥洗设施，如洗手盆、厕所等，其高度设计应满足不同年龄段幼儿的使用需求。此外，盥洗区被视为培养幼儿个人卫生习惯的重要场所，通过标识和清洁卫生用具，帮助幼儿养成正确的洗手方式，收获良好的卫生习惯。

清洁小能手

视频二维码

▶ **案例背景**

　　户外活动结束了，涂鸦区和玩泥区的两位小朋友面对刚才用完的画笔和溅满泥点的小雨鞋，他们选用了不同清洁工具和方法进行清理。

▶ **案例描述**

　　涂鸦区的活动结束了，雯雯到工具架旁拿了几块干净的抹布和一个水桶，走到水池边，接上水将画笔浸入水桶里，并不停地搅动，然后再用水龙头里的流动水冲刷第二遍。

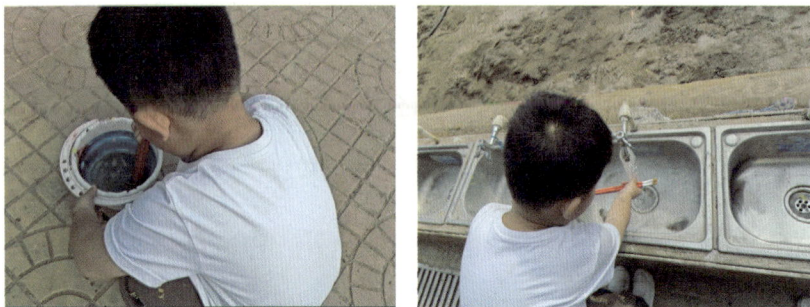

笔头上的颜料冲洗干净后，他又拿起一块抹布，开始仔细地擦拭笔杆上的颜料。

一旁玩泥区的曼曼看着自己沾满泥点的小雨鞋，先是拿起一块干抹布擦了起来，泥点并不容易被擦下来。她又换了工具墙上的小刷子，蘸了水盆中的水后又刷起了雨鞋上的小泥点。渐渐地，鞋子上的泥点开始减少，但还有一些特别顽固的泥点，怎么刷都刷不掉。接着，她走到水池边，拿起肥皂涂在了刷子上，再次刷洗。这次，泥点终于被刷掉了。

▶ 案例分析

1.活动结束后，幼儿能自主进行清理，而不是随意放置或忽略，这是对自己行为结果的认知，体现了幼儿们具有一定的自我意识和责任感，说明幼儿已初步形成了生活自理和自我管理的能力。

2.雯雯和曼曼在清洗颜料的过程中根据不同的物品选择不同的清洗工具，并反复尝试不同的方法，充分体现了幼儿的观察判断能力和创新思维能力，始终能够保持积极的态度，具备面对困难不放弃的品质。

3.活动中，教师把自主权留给幼儿，通过观察了解幼儿面对困难的态度和具备的生活经验，给予幼儿自主学习和探索的机会。

▶ 解决策略

1.为幼儿提供多样的清洗工具，如小型水桶、水盆、刷子，将这些物品放置在户外活动区域附近，方便幼儿随时取用。

2.流动水源：按照 2～6 岁幼儿的使用需求，水龙头的高度确定在 60～80cm 之间。可选择有水池子的水龙头和有地漏的水龙头方便冲洗不同的物品。安装在户外活动区域附近，这样幼儿可以便捷地冲洗绘画工具，洗手，保持卫生。

3.抹布、纸巾和清洗剂：提供足够的抹布或纸巾，以便幼儿擦拭，以及在冲洗后擦干工具。可以准备一些温和、无毒且适合幼儿使用的清洗剂，以确保他们能够方便地清理工具和其他可能弄脏的物品。

4.垃圾桶：设置一个专用的垃圾桶，用于丢弃使用过的纸巾、布或其他一次性清洁用品，以维护环境的整洁。

在提供这些清洗工具的同时，一定要确保这些工具放置在幼儿易于取用且安全的地方，并教育他们正确使用和整理这些工具。老师也应定期检查清洗工具的卫生状况，及时更换或清洗，确保幼儿的健康与安全。将清洁工具的选择权利赋予幼儿，在清洁方式方面切不可出现为方便省事包办代替，或者强行规定清洁方式的现象。

（石家庄市第三幼儿园　高雪涛）

第三章

玩具与材料

　　玩具材料的选择可以结合幼儿的年龄、兴趣、发展水平、易操作等特点进行投放，以满足幼儿在不同阶段的需求和探究欲望，使幼儿在游戏探索中获得持续的学习与发展。同时需要注意玩具材料的安全性和卫生性，确保幼儿在玩耍过程中安全、健康地成长。

　　本章第一节介绍了玩具材料的种类以及投放策略；第二、三节主要以案例形式呈现。通过教师观察不同年龄段幼儿实践、探索玩具材料的行为，分析幼儿在游戏过程中表现出的经验水平与兴趣需要，在教师及时反思的过程中，再次审视、判断玩具材料的适宜性，结合指导策略深化幼儿的学习与发展。

第一节 玩具材料

玩具材料是幼儿园环境中重要的教育资源，对幼儿的发展有着直接影响。合理的玩具材料选择和投放策略能够激发幼儿的兴趣和创造力。那么，常见的玩具材料包括哪些？它们如何分类？

一、玩具材料的分类

常见的分类方法主要有两种：按功能区分、按结构区分。

（一）以功能为依据的分类

1. 表征性玩具：以社会和自然环境中的真实事物为模拟对象，其形状类似于真实的物体。这类玩具又可分为模拟实物的玩具和拟人化玩具。

2. 教育性玩具：帮助幼儿学习某种特殊的概念或技能的玩具，如颜色、大小、形状、分类、序列、推理、数字与计算等等。这类玩具通常包含着特定的学习任务，在设计上通常采用拼图、配对、组合等形式，对操作方式与方法也有一定的要求。

3. 建构性玩具：可以让幼儿进行建构活动的材料，如积木、积塑、沙水等。这类材料或玩具的玩法有较大的个体自由想象和发挥的空间。

4.运动性玩具：运动性玩具是一类着重激发儿童身体活动、锻炼肌肉和协调能力的玩具，如球、绳、小车、滑板等，使幼儿在游戏中体验到运动带来的乐趣和挑战。

（二）以结构性程度为依据的分类

根据玩具或游戏材料的游戏功能的结构化程度，可以把玩具分为高结构性玩具和低结构性玩具。其中，低结构材料具有较大的开放性，能够激发幼儿的创造性游戏行为，对幼儿游戏的限制较小，同时为幼儿提供了丰富的想象空间和操作可能性，使得玩法多样。因此，《评估指南》着重提出：以低结构材料为主。

二、玩具材料投放策略

1.易于接触

玩具材料应置于幼儿可见且易于拿取的位置，以鼓励他们自主选择和使用。

2.轮换计划

定期更替各类玩具材料或轮换游戏场地，确保幼儿有足够的时间进行探索。同时，轮换能让幼儿接触到更多玩具，方便教师进行定区域和定材料的观察。

3.交流分享

教师可在活动结束后组织交流分享环节，展示幼儿对游戏材料、玩具和工具的使用方法，拓宽幼儿在游戏和生活中的经验，充分发挥玩具材料的价值。

第二节 儿童的游戏

通过玩具材料游戏，幼儿能够在游玩中学习和发展。合理的游戏设计能够促进幼儿的认知、情感、社会交往和精细动作发展，体现出玩具材料的使用价值。

与自然游戏

利用石头、树枝、沙子等自然材料，让幼儿在游戏中接触和感受自然。幼儿园打造自然的空间，提供丰富的自然材料，鼓励幼儿与自然互动，了解自然界的多样性。

春天里的小画家

视频二维码

▶ **案例背景**

小花园涂鸦区的活动开始了。玥玥就地取材，用"独特的树枝"来作画，其他小朋友也跟着一起用叶子、石头来创作，将涂鸦墙、地面装饰得春意盎然。

▶ **案例描述**

涂鸦活动开始了，只见玥玥小朋友拿着树枝沾着颜料在地上画出小花朵。

教师发现后，叫小朋友们来看："瞧！玥玥用独特的树枝当画笔，把小花画得生动多姿，真漂亮！"

教师引导小朋友们观察周围的环境，问道："小朋友们，还可以用什么来画画呢？"小朋友们观察后，有的说："可以用叶子。"有的说："也可以用树枝当手柄，花骨朵和叶子绑一起，变成刷子。"还有的说："可以用石头点画。"教师肯定了小朋友们的想法。小朋友们便开始寻找材料，进行绘画创作。

这时，教师看到玥玥用一根细小的树枝在大树上勾勒线条，一遍一遍尝试，乐此不疲。

闻闻用树枝和花骨朵做成的小刷子，蘸取颜料来回涂，画出了想要的云朵。接着，他用石头点画出了一个个小圆，组成了娇艳的花朵。可是，闻闻在画太阳时，却怎么也画不好光芒，一遍遍尝试后，他走到玥玥旁边，说："玥玥，你用树枝画的线条很好看，可以邀请你一起来画太阳吗？"玥玥很高兴地和闻闻一起为太阳画出了长短不一的线条光芒，两个小朋友很开心地一起完成了作品。他们欣喜地把作品放到了展示架上，欣赏着自己和其他小朋友的创意绘画。

仔仔说道："老师，瞧！涂鸦墙、展示架和大树桩，变成了小花园，树枝画出了花朵、太阳，叶子拓印出了叶脉……装饰得真漂亮！"

▶ **案例分析**

1.幼儿主动选择自然材料当作画笔，自由探索。可以看出幼儿敢于创新，能投入地进行游戏，充分地与自然材料进行互动，愿意尝试更有创新的游戏内容与玩法。

2.在活动实施的过程中，也发现部分幼儿对于自然材料的利用不够充分，种类选择比较单一。

3.活动中，幼儿能主动与同伴、教师沟通自己的想法，初步与同伴互助合作。《指南》中指出："幼儿园应多为幼儿提供大家齐心协力才能完成的活动，让幼儿在具体活动中体会合作的重要性，学习分工合作。"

▶ 解决策略

1.教师、家长与幼儿日常对自然材料进行收集，丰富材料种类，对于易受潮、变形的自然材料可以采用密封包装或干燥方式进行保存。

2.教师将涂鸦区空间留给幼儿，合理规划布局。幼儿合理利用树干、地面、墙面等进行绘画创作，通过多种形式确保作品能够有序展示。教师根据实际情况对设施进行优化，设置更多涂鸦墙面、围栏等创作空间、便于储存材料的储物柜等。教师将创作完成后的作品应用于环境创设中。

（中国电科网络通信研究院幼儿园　王梦雅）

低结构材料

提供低结构材料，除幼儿园提供的积木、滚筒、长板等玩具，还可倡议家园共同搜集卫生、安全的废旧材料，如塑料瓶、纸盒、光盘等。通过这些材料，幼儿可以进行开放式游戏。

我想做鱼尾巴

视频二维码

▶ 案例背景

小班操作活动中，幼儿在班级材料区和百宝箱中选择多种材料来进行操作，幼儿想做鱼尾巴，却发现百宝箱和材料区都没有幼儿需要的材料。怎样收集低结构的废旧材料呢？老师与小朋友们一起讨论，关于搜集材料的故事发生了。

▶ 案例描述

轩轩拿来了桌面垃圾桶和工具箱，准备开始制作。只见他蹲下来打开了百宝箱，用小手在材料中开始寻找自己需要的材料。忽然，他站起来来到班级材料区，找到了一个与之前一模一样的桌面垃圾桶回到了座位上。

他用透明胶带将两个纸筒粘贴到了一起，然后拿着粘接好的纸筒继续寻找自己需要的材料。他从百宝箱中拿出来了一个盒子，把纸筒的一头插到了盒子里，接着，他使劲一拽，纸筒就出来了。反复尝试了几次后，他拿起了透明胶带在纸筒和盒子上边开始缠绕，缠绕几圈后，他试着去拽纸筒，纸筒还是掉下来了。

轩轩找到了旁边的汐汐，说："你能帮我扶一下吗？"兮兮点点头。兮兮扶着，轩轩拿胶带缠了一圈又一圈，终于固定上了。紧接着他在百宝箱和材料区都寻找了一会儿，来到教师跟前，说道："老师，我想做鱼尾巴，可是百宝箱和材料区都没有我需要的材料。"

▶ **案例分析**

1. 材料的种类和数量是否满足幼儿的需要

在操作中，幼儿想做鱼的尾巴，出现了百宝箱和材料区都没有幼儿需要的材料。这说明，班级材料区和百宝箱的材料在搜集的过程中幼儿没有参与。

2. 体验用不同材料进行操作

在操作过程中教师要给予幼儿充分的时间和材料，尊重幼儿兴趣的发展，支持幼儿进行大量的选择与尝试。

在创新体验用新的材料做鱼头的探索过程中，幼儿发现纸筒插到纸盒里边总是掉，于是找了合作伙伴进行合作。同种材料的固定相对比较简单，在操作中，幼儿尝试探索将不同的材料固定在一起的方法，还懂得了寻找合作伙伴共同完成。

▶▶ **解决策略**

1.将材料变成幼儿需要的材料

为了搜集到有用的材料，每一次的材料搜集都让幼儿参与。由班级材料区、幼儿百宝箱，增加了班级百宝箱和家庭百宝箱，幼儿参与搜集的材料真正变成了幼儿需要的材料。通过生活化材料的使用为他们创造了了解生活、感悟生活的良好机遇。

2.新材料的探索

在搜集过程中，幼儿发现的新材料，可以通过新闻播报来跟大家介绍一下，每次带来的新材料都可以分类展示在新材料展示板上。这样不仅能让幼儿了解不同材料的特性和类别，还能引导幼儿去生活中搜集更丰富的材料。

3.利用丰富的材料促进幼儿的发展

在幼儿作品分享中，教师引导幼儿："同种材料可以制作不同的物品，两个纸筒除了可以做鱼的身体，还可以做什么？"幼儿说："可以做香蕉、黄瓜。"同一种物品还可以用不同的材料来进行制作。教师引导幼儿思考："除了可以用纸筒来做鱼，还可以用什么材料呢？"教师还引导幼儿结合鱼的形状、颜色等特征，将一些材料进行变形。

教师还可以引导幼儿，选择主体材料和辅助材料；引导幼儿思考：在操作活动中应该使用哪些材料当作鱼的身体，以及哪些辅助材料来当作鱼头、鱼的尾巴、鱼鳞。通过主辅结合的材料投放，帮助幼儿形成更清晰的思维模式，在生活中分清主次关系。

（石家庄市第三幼儿园　王静）

微信扫码
● AI 教学助手
● 内容图谱
● 知识图卡
● 保育笔记

"玉"你相遇"米"中作乐

视频二维码

▶ 案例背景

　　多元区域活动开始了，孩子们按照自己的意愿在区域中选择了自己喜欢的区域进行游戏探索，有的在特产超市里扮演起了各种角色，开始进行买卖游戏；有的来到玉米皮等废旧材料装饰区域进行手工创作；还有的来到玉米面加工厂利用磨盘磨玉米；有七八个孩子则来到了剥玉米粒的区域。

▶ 案例描述

　　乐乐拿起一根玉米棒说："这个玉米棒有多少粒玉米呢？"

　　萌萌说："这么多颗粒，怎么数呢？"

　　琪琪："一颗一颗数不就行啦。"

　　谦谦："到底有几个呀！我有点乱啦！"

　　琪琪："我们找一个玉米粒作为起点，用水彩笔标记一下，然后再数就不乱了。"

　　旁边的畅畅几人正在数玉米的排数。

　　畅畅："看！我的玉米有 16 排。"

悠悠："我的这条玉米有 20 排。"

孩子们开始交流自己玉米的排数，把自己数出来的结果记录在操作纸上。

谦谦说："我们记录的都是双数。"

大家随着谦谦的声音，看到统计结果确实如谦谦所说，这真是一个令人惊奇的发现。

随后，幼儿尝试剥玉米粒。

洋洋小朋友选择戴上手套用手一排排地剥。

佳怡是一粒粒地剥，彤彤是用两条玉米来回搓的方法。

萌萌用小木棍往下剥。

琪琪用两条玉米来回敲击。

畅畅选择了钉耙工具来剥，开始时他从上往下推玉米，后来感觉不太顺手，就改成从下往上拽着玉米。

▶ 案例分析

1.教师在区域中投放了幼儿熟悉的玉米，通过他们自发地开启数玉米的活动，并在统计中发现每根玉米棒都是双数排的，也反映了幼儿数学维度单双数的已有经验。

2.在剥玉米粒操作中，幼儿对于区域投放的工具也充满着好奇，可以尝试用多种办法剥玉米，并探索工具的正确使用办法，提升剥玉米的速度，体验到了坚持、互助收获成功的喜悦。

3.区域操作材料丰富，均来源于生活，提供真实的玉米棒子、工具、筐箩、磨盘等，让幼儿在真实的劳作场景中体会劳动带给他们的别样乐趣，从而养成珍惜粮食的美好品质。

▶ 解决策略

1.将来源于生活、取之于自然的本土材料"玉米"作为主要创作材料，给予幼儿与丰富资源互动的机会，鼓励幼儿大胆创造、勇于创新，利用丰富的操作材料，通过多种感官，动手动脑，亲自操作获得知识、提高技能。

2.材料投放应具有安全性、层次性、引导性、互动性。教师可以和幼儿一起收集玉米相关材料，让幼儿参与区域创设，培养他们的环保意识和责任感。

（张家口市万全区第一幼儿园　郝芳芳）

我们的比赛项目

视频二维码

▶ **案例背景**

　　户外游戏时，朔阳和琪琪搬来了滚筒、梯子、大木箱以及长木板，商量着如何运用这些材料，组合搭建出比赛游戏赛道，研发新的具有挑战的比赛项目。他们一边讨论，一边尝试，反复修改调整并将这场比赛命名为"过五关斩六将"。

▶ **案例描述**

　　四位小朋友按照昨天商量好的搭建赛道图纸，快速地摆出一部分赛道的关卡，然后他们开始研究新的赛道，他们搬来了两个滚筒，尝试将两个滚筒进行组合。

　　这时琪琪说："爬滚筒太简单了，没有挑战。"

　　朔阳建议将滚筒架高，像山坡上的山洞一样。小朋友们赞同朔

阳的提议。两位小朋友搬来了双梯，把滚筒放在双梯的上面，琪琪说："一个梯子好像不行，你看滚筒这么长，梯子中间的宽度不够。再放一个梯子吧，这样滚筒就能放稳了。"

用同样的方法，孩子们在这条赛道的旁边又搭建了一条相同的赛道。随后，他们分成两组，尝试新赛道游戏，并在他们觉得有危险的地方增加了保护垫。新赛道在一轮又一轮的尝试中诞生了，不同赛段包含了使用爬、钻、跳、走平衡木等挑战项目，大家将这个比赛命名为"过五关斩六将"游戏。

▶ 案例分析

1.四位小朋友利用低结构材料，成功地创造了一个具有挑战性和趣味性的游戏——"过五关斩六将"。低结构材料的多功能性和简单性为孩子们提供了广阔的想象空间。在这个案例中，滚筒和梯子的基本形态被小朋友们通过不同的组合和改造，转变成了具有挑战性的运动比赛项目。

2.幼儿在游戏开始时已经具备了一定的对低结构材料使用的经验，在琪琪提出爬滚筒太简单后，小朋友们意识到需要增加游戏的挑战性。他们通过叠加梯子和滚筒，创造出了新的游戏元素，从而提升了游戏的难度。随着游戏的进行，他们通过实践和探索，发现了材料的新用途，例如，将滚筒架高来模拟山洞，这不仅体现了他们对材料的深入理解，也展示了他们在游戏设计上的创新思维。

3.通过对单梯、双梯、四面梯等不同材料高滚筒的探究，孩子们不仅学习了关于结构和稳定性的知识，还提升了他们的问题解决能力和团队合作技能。教师应当鼓励孩子们进行这样的探究活动，同时确保他们在一个安全的环境中自由地发挥创造力和探索精神。

▶ 解决策略

1.为了满足幼儿不同兴趣和能力水平的需求，应提供多种多样的户外材料。这些材料应包括基本的攀爬架、滑梯、秋千、平衡木、绳桥等。同时，这些材料还可以和低结构材料，如梯子、滚筒、软垫等互相组合，以激发孩子们的创造力和自主游戏的能力。材料的大小和重量应适合幼儿的年龄和体型，以防止在使用过程中发生意外。定期更新和轮换户外材料，可以保持孩子们的兴趣和好奇心。

2. 在材料使用过程中定期组织讨论会，请幼儿分享他们的游戏经验，讨论他们喜欢的材料和玩法，以及他们遇到的挑战。这种互动可以帮助幼儿发展语言表达能力，同时让教育者获得宝贵的反馈，以优化材料投放和活动设计。

3. 教育幼儿认识各种户外材料的潜在风险，并教导他们如何安全地使用这些材料。例如，在滚筒上保持平衡的技巧等。在冒险区周围设置足够的安全缓冲区，如软垫、防护栏等，以减少跌倒和其他意外伤害的风险。同时，确保所有户外设备都安装稳固，定期进行检查和维护。制定并练习应对各种紧急情况的预案，包括处理擦伤、骨折等常见伤害的程序，以及在必要时及时就医。

（石家庄市第三幼儿园　王珊）

足量的玩具材料

　　确保每个幼儿都有足够的玩具材料可供使用，减少争夺和等待的现象。在游戏中，放大幼儿一物多用的游戏经验，总结游戏材料的使用情况，做到有的放矢。

宝塔的秘密

视频二维码

▶ 案例背景

　　春游时，一座宝塔吸引了孩子们的目光，回到幼儿园，他们纷纷表示想建造一座宝塔，宝塔的故事就此开启。材料不充足、封顶等一系列问题，大家一起分析原因，寻找解决办法。

▶ 案例描述

　　在自由搭建的过程中，幼儿根据自己的兴趣分别选择搭了六角塔、四角塔、电视塔。一组搭建的圆形六角塔最高只能搭到六层。建造过程中总是倒塌；二组的四角塔因材料不够搭不高；三组电视塔最高也只能建到五层，也同样遇到搭不高易倒塌的情况。

随后的游戏分享中，小朋友们提出了减少积木之间的缝隙和横竖交错搭建，加大搭建面积起到稳固作用的解决策略。同时，幼儿认识到积木种类太多，能用的方砖不够。因材料不充足导致搭建时总是倒，搭不高。

老师也针对材料进行了反思，发现碳化积木种类太多，体积较大，相同形状的积木砖量不充足，不能支持幼儿游戏。第二天教师根据幼儿需要投放了足量且同规格的卡普乐积木条供幼儿搭建，同时投放了同等大小的奶粉桶和纸杯等材料辅助幼儿搭建及技巧图供幼儿探索，有效支持搭建活动。

小朋友们使用新材料继续搭建宝塔，很快搭建了连在一起的双子塔、方方正正的数字塔、古风建筑的八角塔以及春游见到的澄灵塔。

分享环节，教师请幼儿分享经验，幼儿表示积木不足和方法不当导致塔易倒，通过学习图卡技巧和更换材料，成功搭高塔。之后，大家尝试了多种搭建方法，如互垒围合、重轻交替等，封顶时又遇到困难，尝试奶粉桶支撑失败，改用纸杯并不断调整，最终内外同时搭建，成功完成澄灵塔。

▶ 案例分析

1.幼儿能直面困难：搭建初期，幼儿面对积木倒塌，并没有向教师求助，而是自己发现问题、自寻原因、自求解决办法。首先通过减少积木缝隙和横竖交错搭建，有效增强了稳定性。材料不足时，他们及时反馈，教师迅速提供新材料。在封顶环节，孩子们虽多次失败，但坚持观察、尝试和调整，最终成功找到合适方法，完成了宝塔封顶，此活动中展现了幼儿多角度、多策略解决问题的能力，同时体现了幼儿的创造力和坚持不懈的游戏精神。

2.幼儿对材料的使用：游戏中教师不仅确保了木质积木的多样性，还细心观察其数量是否足以满足孩子们的游戏兴趣和需求。搭建初期发现碳化积木种类太多、体积较大、相同形状的积木砖量不充足，不能支持幼儿游戏，教师及时调整了材料投放，提供了统一形状、同等规格的卡普乐积木条以及奶粉桶、纸杯等辅助材料。

▶ **解决策略**

1.足量材料支持：教师在确保木质积木供应充足的同时，还额外投放了足量同规格积木条及奶粉桶、纸杯、易拉罐等材料，旨在丰富游戏材料的种类，支持幼儿游戏的多样化发展。此外，为提升幼儿的搭建技巧，教师精心准备了搭建技巧图。在整个过程中，教师给予幼儿充足的时间探索与实践，充分体现了教师有力支持。

2.互动交流：在互动环节，教师鼓励幼儿分享搭建经验，注重与他们的沟通，并让他们自主探索和解决问题。教师给予幼儿充分的探索空间，观察他们的积极游戏行为，同时根据反馈调整材料，确保材料充足，满足游戏需求，促进幼儿成长。

3.长期追踪观察：教师基于幼儿兴趣，通过长期追踪，以观察者身份倾听与陪伴，记录游戏过程，深入了解幼儿搭建需求，周期性调整材料，以支持游戏发展和幼儿成长。

（石家庄市第三幼儿园　李晓洁）

我们的小厨房

视频二维码

▶ 案例背景

　　室内游戏时间到了，小班豆豆家几位小朋友选择了自己喜欢的游戏玩了起来。森森和玥玥快速走到小厨房游戏区，挑选自己喜欢的玩具开始玩。

▶ 案例描述

　　森森突然大声地说："这个是我的，我的铲子！"

　　玥玥说："我先拿到的，是我的。"

　　其他小朋友也被他们争吵的声音吸引了，纷纷转头看向了他们。

　　森森又大声地说："是我的。"

　　玥玥说："应该是我的！"

这时，老师走到两位小朋友身边，轻声说："你们发生了什么事情？可以跟我说说吗？"

了解事情的原委后，老师先安抚了两位小朋友的情绪，然后和孩子们坐在一起讨论：当玩具不够时，我们应该怎么办呢？

程程说："谁先拿的谁先玩。"

老师说："如果别的小朋友也想玩的话，我们应该等前一个小朋友不玩了你再玩，或者问一问这个小朋友能一起玩吗？除了这个方法我们还有别的方法吗？"

弘毅说："就一个铲子，玥玥和森森抢。"

老师说："那我们的工具区还有其他像小铲子的玩具吗？"

老师："原来玩具不够我们可以和小朋友商量着玩，还可以找一个和它很像的玩具继续游戏。"

森淼说："还可以从家拿。"

老师肯定了小朋友们想到的办法，并计划补充小厨房的玩具。

▶ **案例分析**

1.3～4岁幼儿进入角色游戏的高峰期，小厨房的组合玩具是小班幼儿十分喜爱的表征性玩具之一，因其类似生活中真实的厨具，逼真程度较高，适合年龄较小的幼儿，满足幼儿使用其进行角色扮演等游戏。

2.案例中的老师发现小朋友游戏中发生冲突时，先安抚幼儿情绪，体现教师理解幼儿在冲突解决中，情绪的稳定和同理心的重要性，给予幼儿安全的心理环境。当孩子们能够冷静下来时，教师与幼儿沟通，支持幼儿一起想办法解决材料不足的问题，总结了游戏玩具不足时可以轮流玩、一起玩和寻找替代物进行游戏的方法，拓展幼儿游戏经验。

▶ **解决策略**

1.增加玩具数量：小班幼儿多以独自游戏和平行游戏为主，对玩具和游戏选择受材料和同伴影响较大，因此，在玩具材料投放时可适当减少种类，增加游戏数量，以避免幼儿出现争抢玩具的现象。

2.寻找替代物：伴随幼儿年龄增长，教师可以鼓励幼儿使用类似真实物品或玩具的结构较低的替代物进行游戏，以探索材料的属性，积累探索材料的经验。

3.教师的适时介入：案例中教师发现幼儿争抢玩具后及时介入，通过提出"当玩具不够时，我们应该怎么办呢？"的问题，鼓励幼儿提出解决问题的办法，最后梳理师幼共同寻找到的方法，积累幼儿同伴交往经验。事后教师反思班级材料投放的不足并提出优化的想法。

（石家庄市第三幼儿园　李楠楠）

微信扫码
- AI 教学助手
- 内容图谱
- 知识图卡
- 保育笔记

丰富的玩具材料

玩具材料本身具备特定属性，为确保幼儿全面成长，其在使用过程中的种类选择应丰富多样，以满足幼儿全面发展的需求。尤其是结构较高有特定功能的玩具材料，如各类乐器、探究工具等。

木工坊的新材料

视频二维码

▶ **案例背景**

　　幼儿在木工坊里游戏，总是喜欢用水彩笔在木头上画画作为装饰，今天在制作完相框之后，珊珊的一句话打破了以往的惯例："老师，我们班有纽扣，我想回班级拿点纽扣，回来装饰我的相框。"教师给予支持。珊珊不仅取来了纽扣，还取来了彩色的羽毛和白色的小石子。

▶ **案例描述**

　　珊珊端着纽扣、羽毛、小石子坐在桌子前，开始装饰自己制作的相框。她用小圆木片做发散状，摆在相框上，然后用胶枪固定。又拿起羽毛摆在了相框的左下角，随即又换到右上角，这个位置刚好比较空，她拿起胶枪竖着固定了三根。回头看看白色的小石子，珊珊把它们固定在最下面，当做相框的底托。粘到第六七颗小石子时，前面粘好的会掉下来，珊珊经过观察，选择有平面的石头，在接触面积较大的地方涂上热熔胶，粘牢。

小石子也装好了，把相框摆在桌子上，结果发现左边低右边高，放不平，就来找老师："老师，我的相框放在桌子上是歪的，怎么办？"

老师说："我们可以调整一下相框两边的白色石子的大小，还可以选择其他展示相框的方式，相框除了当桌摆，还可以怎样呈现呢？"

珊珊突然想起来："哦，还可以挂着。"

新一轮的操作开始了，珊珊在木质相框顶上钻了两个细孔，安装了两个螺丝钉，又取了一根麻绳捆好了。

珊珊把相框挂在了墙上，跑过来拉着老师一起欣赏。

在幼儿介绍自己作品时，同伴们对新颖的装饰材料很关注。珊珊的创新想法也带动了身边的小朋友，小白用短木棒搭建了一个房顶，将相框改造成了一间小木屋。欣欣也开始环顾四周，寻找特别的物品，最后她选择了一盒木屑，先将相框上涂满了白乳胶，再在上面均匀撒上木屑，轻轻按压后倒过来，去除多余的木屑，还美其名曰，说自己做的是"椰蓉脆皮相框"。

为了让材料更加充实，老师带小朋友们参观了幼儿园的涂鸦室寻找灵感，在涂鸦室，小朋友们发现还可以丰富小颗粒的材料，例如，泡沫、毛根、绒球等，经过一个星期，老师和幼儿共同收集，材料就更加丰富了，片状、管状、弧形等一应俱全。

▶ **案例分析**

1. 珊珊装饰相框的环节，能想到自己班级的纽扣，进而扩展到羽毛和小石子，说明珊珊平时对这几种材料的使用和搭配认识比较深入。

2. 当相框底托不平，出现问题时，珊珊不气馁，积极寻求解决方案，最后调动已有经验，选择了悬挂的方式解决问题。珊珊先钻孔，再拧螺丝，让问题迎刃而解，最后取得成功，增强了自信心。

3. 周围的同伴见到珊珊的创新装饰，也迸发新想法，珊珊的示范和带动力量对其他幼儿很有影响力。

▶ **解决策略**

1. 幼儿出现创新力和想象力小火花，教师最大限度满足和支持幼儿的想法，使幼儿得到满足。

2. 教师在听到幼儿的困难时，给予提示，但同时留有空间，看破不说破，让幼儿自己提出解决方案，自己动手解决，帮助幼儿在制作活动中获得成就感。

3. 教师带着幼儿到装饰材料最多的涂鸦室参观，找寻新想法，发挥幼儿能动性，用已知带未知，使木工坊的辅助装饰材料得到最大限度的拓展。

4. 教师启发幼儿自主选择材料，幼儿敢想敢做，拓宽材料的来源渠道，收集时间也更加灵活。

（石家庄市第三幼儿园　武静）

有层次的玩具材料

因幼儿发展水平不同，在材料投放时，应全面考虑幼儿的年龄特征及发展阶段，投放应适合他们的最近发展区，提供有层次的玩具材料。

标星星的玩具

视频二维码

▶ **案例背景**

在益智区角游戏中，给难易程度不同的玩具材料标注了不同个数的星星，幼儿根据自己的需求自主选择适合自己的游戏进行挑战，在游戏中会发生哪些有趣的事情呢？

▶ **案例描述**

阳阳和轩轩来到益智区，两个人都拿取了拼图游戏材料，阳阳选择了1颗星的9块拼图，阳阳惊喜

地说："老师，你快看，我把9块拼图都拼完了。"

几分钟过后，她说："这些拼图我都会玩了，刚开始挺好玩的，但是，一点儿也不难，我不想玩了。"

此时，轩轩正在操作2颗星的12块拼图游戏材料，拼好了两个，拼第3个的时候，他思考起来，说："怎么拼不对呢？"

他收拾了材料，刚想要放回原处，正好阳阳走了过来说："我来帮帮你吧！我最爱玩拼图游戏了。"

不一会儿阳阳就拼好了，轩轩高兴地说："你好厉害啊！咱们俩一起玩吧！"于是，他们两个一起挑战全部拼图游戏，几分钟过后争吵发生了："你这样拼不对，先拼那一块，我这样是对的……"

老师加入游戏说:"你们尝试先拼四周,再拼中间,试一试吧!"之后,两个人合作完成了所有拼图游戏。

▶ 案例分析

1.同年龄段幼儿思维发展是不同的,遇到简单的游戏材料出现操作时间短,专注力不强,吸引力不够的情况,之后选择和同伴一起合作操作更具挑战的游戏材料,体验了合作游戏的快乐。

2.幼儿在活动中出现疑问时,选择停止操作将材料放回玩具柜和争辩谁的方法正确,没能及时寻求教师和其他同伴的帮助,缺少积极应对困难,坚持游戏的学习品质。

3.教师选择观察幼儿语言和行为的方式介入,把游戏空间留给幼儿,让幼儿作为游戏主导者,在幼幼对话交流中可以获得问题所在,拓展游戏经验。

▶ 解决策略

1.区角活动前对游戏材料分难度有层次的投放,给予幼儿符合年龄特点的游戏材料,激发幼儿活动积极性和探索愿望,引导幼儿合作游戏，让幼儿对益智活动充满兴趣。

2. 当幼儿遇到操作疑问时，引导幼儿积极寻求教师和同伴的帮助或激发幼儿问题解决能力，提高幼儿积极应对困难，不断坚持的学习品质。

3. 构建"问题"支架，教师善于发现幼儿操作中的奇思妙想和困难时刻，不断观察困难的解决情况，当幼儿抛出问题时，学会直入主题以合适的介入方式巧妙地解决问题。

（中国电科网络通信研究院幼儿园　刘蒙蒙 ）

流动的玩具材料

支持幼儿跨区域流动使用玩具材料，增加游戏的丰富性。因此，幼儿园各区域没有强制的功能限制，室内外材料也可互通使用。

床铺漂流记

视频二维码

▶ 案例背景

户外游戏时间到了，孩子们选择了建构区作为本次户外游戏的场地。芊芊、苗苗和诺伊三位小朋友讨论着要搭建一个属于他们三个人自己的"家"。在商量完需要搭建的家具后，三位小朋友行动了起来。

▶ **案例描述**

第一阶段：小"家"的迁徙与发现

三位小朋友从积木柜里取出来积木，在不远处开始搭建。看到很多小朋友穿过他们的"家"去取材料。

芊芊说："这里离积木柜太近了，以后家里会很吵，咱们得选一个远一点的宽敞的地方。"

三位小朋友重新选了一块远些的宽敞区域着手搭建。他们用积木围出一块地方，在里面搭建了桌子、椅子和柜子……便开始扮演游戏。

三个小朋友准备坐在椅子上喝水休息时，诺伊说："我现在累了，想睡觉，家里没床我睡在哪里呀？"

苗苗说："搭一张床就行了。"

第二阶段："床铺"的搭建与创新

她们取来积木搭建出了"床"，又在一头放了两个长方形积木当作枕头。

苗苗说："你快躺在床上睡一会儿吧。"

诺伊躺在上面面露难色说："太硬了，我的后背不舒服。"

芊芊环顾操场一圈后说："我们可以去体能区的垫子柜里取些垫子来，软软的舒服些。"

铺上床垫再次试躺后，诺伊表示："枕头不舒服，也没有陪我睡觉的娃娃，不像家。"

第三阶段："睡觉"的完善与升级

苗苗说："咱们去教室里把图书角的娃娃和睡觉的枕头拿过来。"

于是，三位幼儿一起回到班级取来了心仪的材料。诺伊躺在垫子上枕着枕头抱着布娃娃，满意地说："好舒服呀！这下真的像家一样了，我可以睡觉了。"

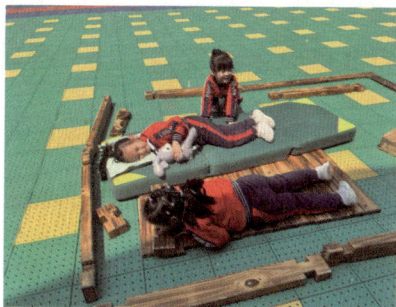

▶ 案例分析

1. 游戏第一阶段幼儿在搭建家的床铺的过程中，三位幼儿从靠近积木柜的地方搬到更远的宽敞区域，以减少其他小朋友取积木时的干扰，说明三位幼儿在游戏体验中，能根据需要对所处的环境场地进行合理调整。

2. 游戏第二、第三阶段中，幼儿跨空间场地拿取材料，体现日常教师对幼儿的游戏支持，让幼儿感受到游戏材料在不同空间场地中流通的自主性，教师为幼儿游戏营造了良好的物质与心理支持。

3. 整个案例中，面对游戏场地的选择、游戏材料的调整等问题时，三位幼儿能尊重对方给出的建议并能迅速调整，更换场地、取来垫子、更换枕头和添加布娃娃等其他空间场地的材料，反映出了三位幼儿具备较好的沟通能力及合作精神。

▶ 解决策略

游戏中幼儿除了可以不限时间、不限区域、不限场地进行材料的使用之外，教师可以适度投放一些游戏材料。

1. 在投放时要根据幼儿的游戏性质和游戏状态进行阶段性的调整，在阶段性调整的过程中要避免一刀切，将所有材料投放进去，也不能高频地更换材料，例如，可以以一周为单位，进行有层次地分析观察幼儿对于材料的使用情况后，再进行材料的流动投放。

2. 在材料投放的过程中，可以遵循从简到繁，由易到难等原则，也可以借助同年级组教研，或是同场地的教师教研，共同研究所要投放材料的属性，针对每种材料幼儿的使用情况进行归纳和总结，梳理出材料投放的办法。

（石家庄市第三幼儿园　王钗）

猴王的花果山

视频二维码

▶ **案例背景**

  岳岳和哲哲在沙水区为猴王建造了一座花果山，他们在花果山上为猴王放置了小模具，方便猴王攀岩。他们又想把小桶安置在山上当作猴王的玩具，安置过程中，他们都做了哪些尝试呢？

▶ **案例描述**

  岳岳和哲哲在沙池为猴子建造了一座"花果山"。他们找来了一些小模具，将其镶嵌在山体上供猴王攀岩。随后从材料区找到一个小桶，想把小桶固定在"花果山"上做猴王的秋千。

  两位小朋友采用固定小模具的方法，将小桶把手直接插向山体，然而山体的一侧倒塌了。

　　站在一旁的老师问道："为什么模具可以镶嵌到山体中，小桶用同样的办法，就会造成山体倒塌呢？"

　　哲哲说："小桶太大，我们一起推进去力气太大，所以就把山弄坏了。"

　　岳岳说："那就不能推进去了。"

　　二人来到草地上找到一根树枝，他们将树枝一半插进山体，露在外面的部分挂上小桶。刚挂上不一会儿，小桶又滑落下来。

　　哲哲说："要不咱们一会儿用宽胶带试试吧！"

　　于是，他们从班级拿来剪刀和宽胶带。一位小朋友先将小桶手柄处摆放好，另一位用胶带将小桶和山体缠绕两圈后剪断胶带。可是，山体在胶带的作用下变形瓦解了。胶带一侧沾满了沙土。

这时，岳岳看到一旁的同伴在用铲子挖隧道。他看了一会儿，对哲哲说："咱们也在山上挖个坑，把小桶埋进去试试。"哲哲说："行呀！"于是，他们将"花果山"一侧挖出一些沙土，形成一个凹陷。他们拿起小桶，准备把桶底放入凹陷，这时发现桶底比凹陷大，又用手去掉了一部分沙土，小桶终于放了进去，他们再用沙土将缝隙填满，小桶成功固定在"花果山"上。

▶ 案例分析

1. 沙子和水都属于低结构材料，没有固定的形状，为幼儿提供无尽的想象和创造空间。幼儿可以用沙子堆砌成各种形状，水的加入让游戏拥有更多的惊喜和挑战，符合大班幼儿乐于探索、善于思考的年龄特点。

2. 教师关注幼儿的需求，在合适的时机予以幼儿有效支持。当幼儿固定小桶失败，幼儿停下游戏时，教师及时介入，通过启发性提问："为什么小桶直接插入山体，山体会倒塌？"引导幼儿发现小桶桶底比模具大且重，易于毁坏山体特点，从而继续寻找合适的固定方法，成功固定小桶。

3. 在幼儿固定小桶的过程中，岳岳想办法，哲哲负责配合，两人通过良好的配合，成功固定小桶。低结构游戏材料的不同玩法，引发幼儿间的相互学习。

▶ 解决策略

1. 随着沙水区游戏开展的需要，教师可以观察幼儿的游戏材料使用，投放满足幼儿游戏需要的其他场地的玩具材料，便于幼儿使用，丰富幼儿的自主游戏。如积木、插塑玩具、彩笔等，幼儿可以自由创造游戏场景，提高对游戏的兴趣和参与度，促进幼儿的社会性发展。

2. 在游戏的过程中记录材料的使用情况，发现幼儿感兴趣的低结构的材料，分析材料本身特点，以便更好支持幼儿游戏。例如，根据幼儿对"花果山"建设娱乐设施的兴趣，搜集并投放宽胶带、树枝、绳子等，让幼儿自主选择材料当作猴王的秋千，在探索中获得新知。

（石家庄市第三幼儿园 孟靖雯）

第三节　图书里的故事

图画书是幼儿园教育资源中的重要组成部分，凭借其图文并茂的独特表现形式，已被广泛认可为最适合儿童阅读的素材，对儿童的成长与发展具有重大意义。

读一本好书

　　能否挑选到适合儿童阅读的图画书是图画书价值能否实现的先决条件。为儿童挑选图画书可根据：儿童年龄特点、幼儿的阅读喜好、幼儿园课程需要等综合考虑，特别注意图画书内容要体现"中华优秀传统文化"和"现代生活特色"。

好书推荐　　　　　　　　　视频二维码

▶ 案例背景

　　小朋友们在阅读区围坐在一起，原来是萱萱在分享自己从家里带来的书，其他的小朋友表示：自己家也有很多好看的书，想和大家一起分享。小朋友们商量出要在班级设立"好书推荐区"，将自己的一些好书分享给大家。

▶ 案例描述

　　进入大班后，小朋友们阅读的需求越来越高，他们在平时的班级图书借阅表中表现出他们目前除了故事类图书，还对科学类和文学作品类的图书感兴趣。部分小朋友们在日常的讨论中也提到：他们对简短的故事类的图书已经不太感兴趣，更喜欢研究一些没看过的图画和故事情节更加丰富的图书，因为这样阅读起来更有趣也更有挑战性。于是，小朋友们对班级的图书有了甄选的需求，他们决定将图书区的书籍按照大家的喜好进行推荐和调整。

老师："那我们怎样能吸引别人来阅读自己推荐的书呢？"

成成："我在图书馆见过有的书上面画着关于书的介绍，看了介绍之后我们有可能就很想去阅读了。"

老师："书的介绍是图书的推荐宣传单，小朋友们可以想一想我们的推荐宣传单上需要有哪些内容呢？"

豪豪："要有图书的名字。"

萱萱："要画上主要讲的是什么。"

文文："要宣传哪些地方最有意思……"

　　小朋友开始根据刚才的讨论筛选自己带来的图书，并且继续完善好书推荐区。

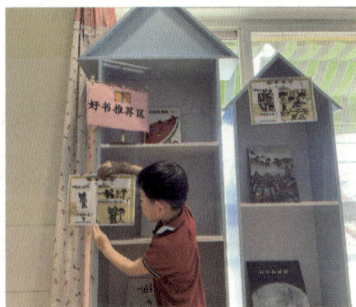

▶ **案例分析**

　　1.幼儿对班级图书的借阅情况以及日常的讨论，引发了他们对班级环境的审视和调整，决定在班级设立"好书推荐区"，说明幼儿是班级环境的主动参与者和创设者，具有批判性和探究性思维。

　　2.在设立"好书推荐区"的过程中，幼儿发现了有关图书选择的问题，并且展开了"我们应该推荐什么样的书"的大讨论，说明幼儿能主动发现问题，并且通过交流讨论来尝试解决问题，这也是他们充分发挥自主性，通过探究活动，获得有益经验的过程。

3.幼儿讨论出好书推荐的标准后，教师通过提问引发幼儿思考：怎样能吸引别人来阅读自己推荐的书呢？幼儿结合自己的生活参访的经验，进一步审视和思考班级图书区的环境创设，提出自己制作好书推荐宣传单，自主丰富图书区的环境。

▶ 解决策略

1.幼儿在参与班级环境创设的过程中，教师应给予幼儿时间上的支持，为幼儿的自主讨论创造条件，同时尊重幼儿的讨论结果——在班级设立"好书推荐区"。

2.关注幼儿对班级环境创设的行为和想法，教师可以倾听幼儿的对话，观察幼儿的行为改变，捕捉每一次幼儿与班级环境交流互动的信息，适时地通过提问等方式引发幼儿对环境创设的深层次思考。

3.始终尊重幼儿在环境创设中的主体性，允许幼儿在环境创设的过程中发现问题，通过思考、讨论、探究自主找到问题解决的方法。

（石家庄市第三幼儿园　刘佳）

图书管理

图书管理遵循玩具材料取放原则，除为幼儿提供合适的阅读空间和优秀读物外，邀请幼儿参与图书管理，培养幼儿阅读好习惯。

改造图书馆

视频二维码

▶ **案例背景**

小朋友们发现班级环境中原有的阅读区空间有限，每当在取放图书时经常需要排队等待；图书被叠放在柜子里，每次挑选书籍时需要一本本翻找……为了解决遇到的问题，大家决定共同改造班级图书馆。

▶ **案例描述**

各小组围绕如何根据班级现有的空间进行布局和图书管理展开了热烈讨论。

萱萱组："我们扩大阅读区吧，把柜子里的材料放在最下面一层，这样就可以摆放更多的图书了。"

诗诗组："在摆放时可以为图书分类。我们在参观图书馆时看到每个书架上的书都是不同类型的。"

阳阳组则将两组的想法结合起来，提出了先进行分类再调整柜子内材料的方案。

老师对孩子们的想法给予了肯定并引导他们思考：怎样让进入我们图书馆的人员也能清楚我们的分类呢？

尚尚："可以画出标识展示在柜子上，这样大家就能清楚地知道每个区域都有哪些图书了。"

明确任务后，孩子们绘制任务分工表开始分工合作。有的组负责调整柜子里的材料为图书腾出更多的空间；有的组负责将图书进行分类和整理；还有的组则负责绘制分类标识。

　　在分类过程中，孩子们不仅按照书的大小、软硬和书名进行了分类，还根据书的内容进行更细致地划分，如童话类、科普类、儿歌类等。这样的分类方式既考虑了图书的类型化，又兼顾了孩子们的阅读需求，最后将分类标识摆放在环境中以便更多的人了解。

　　整个过程中，孩子们相互协作、互相帮助，共同为创建一个更

好的图书馆而努力。

▶ 案例分析

1.幼儿在取放图书时发现阅读空间小，他们结合班级空间决定创建大的图书馆。可以反映出幼儿作为班级环境的小主人有着对班级图书角是否方便的反思能力。通过萱萱组的建议，将部分工具区和材料区的空间转化为阅读区，实现了空间利用，同时满足了幼儿在宽敞舒适的环境中享受阅读的乐趣。

2.诗诗组调动生活参访经验，提出将图书分类的方案，不仅解决了寻找书籍困难的问题，同时还培养了幼儿的分类意识和整理能力。

3.幼儿通过绘制分工表完成任务，反映出小组之间合作意识强，小朋友可以有计划地主动学习。

4.老师通过提问"怎样让参观人员了解我们的分类"引发幼儿思考，尚尚提出绘制标识的想法，不仅能使大家轻松找到想看的图书，还提升了班级图书角的实用性。

▶ 解决策略

1.继续探索班级环境的其他空间，看是否还有进一步优化的可能性。比如可以考虑利用教室的角落或门厅设置小型阅读区，为幼儿提供更多的阅读空间。

2.在现有图书分类的基础上，进一步细化分类标准，比如根据幼儿的个体差异、阅读兴趣等因素进行分类。同时，也可以建立图书借阅记录，以便更好地了解幼儿的阅读需求。

3.可以看出教师在活动中鼓励幼儿以小组形式探讨交流，通过小组间的思考与合作来共同解决问题，在增加小组倾听彼此建议的同时也使幼儿逐渐学会了独立思考和团队合作。

（石家庄市第三幼儿园　陈晓林）

微信扫码
● AI 教学助手
● 内容图谱
● 知识图卡
● 保育笔记

图书也有"身份证"

视频二维码

▶ 案例背景

随着班级图书的日益增多，每次阅读后，幼儿因忘记图书的原始位置而随意摆放，导致图书位置混乱，给下次寻找带来不便。经过集体讨论，幼儿决定为图书编号，以优化图书管理。于是，一场关于图书管理的活动开始了。

▶ 案例描述

杭杭率先提议："我们可以给每本书做记号。以前参观图书馆时发现书上都贴着不同的数字。"

李老师："这些数字代表什么呢？"

安安："代表每本书的编号，我们也把图书按照顺序编号吧。"

然而实际操作中，幼儿很快发现从 1 开始编号，后面数字过大不仅难以书写还难以识别。

　　杭杭："我们可以将书架分组，每个小组的书放在特定的书架上，都从 1 开始编号，这样数字就没那么大了。"

　　这一方案得到大家的认可，幼儿开始为各自小组的书编号。在摆放时，他们又发现，想确保每本书有固定的位置，就要在书架上也贴上对应的编号，这样每本书就都有自己的"家"了。

　　老师："我发现每组书的编号都一样，怎样才能知道这本书是哪个书架上的呢？"

　　想想："可以在编号中加入书架的标识，用短线将书架号和书号连接起来，要不数字连在一起会分不清楚。"

　　老师："所以你们设计的图书编号包含两部分，前面是书架号，后面是书在书架上的序号，两部分之间用短横线连接。这样每个编号都是独一无二的，我们就能轻松找到每本书了。"

▶ **案例分析**

1.幼儿发现图书摆放混乱，难以快速找到想看的书，体现了幼儿对周围环境的敏锐观察和思考能力。在讨论中幼儿提出给图书编号的想法，并借鉴了图书馆的管理经验。在实践中遇到了数字过大的问题时，他们没有放弃而是进一步思考，提出了分组放书的解决方案，展示了创新思维及解决问题的能力。

2.在解决编号问题时，幼儿提出增加两组数字并用线连接的方法，体现了他们对细节的把控和持续改进的精神。

3.幼儿遇到编号混淆等困难时，老师适时给予反馈。引导幼儿思考如何进一步优化和完善编号系统，使其更加符合实际需求。这种观察和反馈机制有助于幼儿及时发现问题并改进，从而提高他们的问题解决能力。

4.在编号的最后阶段，老师对幼儿的讨论和实践进行了总结和整合，提炼出了图书编号系统的核心要素和关键步骤，有助于巩固幼儿的学习成果，提升他们的思维能力。

▶ **解决策略**

1.教师要尊重和支持幼儿，营造宽松、自由的学习环境，让幼儿敢于尝试、敢于创新。对幼儿的想法不批评或否定，给予积极支持和建设性的建议。

2.增设图书管理员的角色，由幼儿轮流担任。图书管理员负责监督图书的摆放和编号情况，确保每本书都放在正确的位置。同时每个小组需要维护本组图书的整洁和编号的清晰，加强幼儿的责任感和集体荣誉感。

3.随着时间的推移，班级图书的数量可能会不断增加或减少，因此需要定期整理图书并更新编号。在整理过程中，幼儿可以将不再需要的图书进行清理，同时为新增图书进行编号和记录。

（石家庄市第三幼儿园　李志）

视频二维码

我的"好朋友"

▶ 案例背景

"图书里的故事"主题开始了，小朋友们在读书分享中找到了许多读书方法，并将这些方法做成了方法表，方便小朋友们用自己总结的方法开展自主阅读。于是，班级掀起了一波阅读热潮，图书变成了小朋友们日常生活中形影不离的好朋友！

▶ 案例描述

片段一：

晰晰等几个幼儿都十分喜欢《彩虹色的花》绘本故事，几位小朋友经常坐在一起讨论故事内容，并喜欢用发现的读书方法来讲故事。

这天当晰晰讲道：有一天，一只小蚂蚁在地上看到一朵花，问："你是谁呀？""我是彩虹色的花呀，你要去哪呀？"蚂蚁说："我要去玩儿，可是前面有水过不去，怎么办呀？""我送你一片花瓣吧，你可以坐在上面划过去。"小蚂蚁接过花瓣说："谢谢你，彩虹色的花。"

一旁的小朋友建议，可以用动作表示出小蚂蚁的感谢，其他同伴也附和道，晰晰讲的时候，每人承担一个角色，表演出这段内容。

灵儿发现："动作也是阅读方法。"

小朋友们发现在讲故事时还可以使用适合的动作来表现出故事内容，他们将新发现的阅读方法记录在阅读方法表中。

再试过一轮后，大家觉得扮演角色的小朋友不仅要用动作表示出角色，还要自己为该角色设计台词。最后，小朋友们决定让晰晰讲述整个故事的主要内容，其余小朋友表演自己所负责的角色。

片段二：

晰晰他们明确表示想运用寻找到的阅读方法，表演一场《彩虹色的花》绘本剧，可是如何使故事表演更吸引观众呢？小朋友们开始商量起来。

颖颖说："我们做点道具吧。"

晰晰说："我可以多练习，把故事内容讲得生动一点儿。"

馨馨说："泽泽的动作太好玩了，小朋友们肯定会喜欢。"

片段三：

晰晰和她的朋友们穿戴好自己制作的道具，在操场的小舞台上为小班的弟弟妹妹们表演了《彩虹色的花》，当彩虹色的花把花瓣一片一片送给小动物，自己倒下的时候，小观众们都伤心极了！看到春天彩虹色的花又恢复生机，大家高兴地送上热烈的掌声。

▶ **案例分析**

1.幼儿能够根据自己梳理出来的阅读方法表上的内容，来完整地讲述故事，并可以在发现新的阅读方法时，及时记录。

2.案例中晰晰几个人经常讨论绘本的内容，反复讲述故事情节，在幼儿提出加入表演时，能根据每一次的讲述来进行练习，并提出新的挑战，可以看出幼儿不仅喜欢阅读，并且能运用发现的方法来表现故事内容。

3.案例体现出了大班幼儿能够独立完成任务，展现出较强的目的性与计划性。

▶▶ 解决策略

1.通过叠加的方式创设了符合大班幼儿年龄特点的阅读支持，如阅读方法表的更新和展示，不仅记录了幼儿的阅读方法和经验，还随着活动的进行，方法表也在不断地更新，有助于提升幼儿的阅读能力，掌握自主阅读的方法，感受其中的乐趣。

2.教师尊重幼儿自主阅读，并按照所理解的故事内容，用多种方式表现出来。

（石家庄市第三幼儿园　蒋欢）

微信扫码
● AI 教学助手
● 内容图谱
● 知识图卡
● 保育笔记

附录：评估量表

参考文献

[1] 王海英.儿童视野的幼儿园环境创设 [M].北京：人民教育出版社，2019.

[2] 徐萍.幼儿区角活动 [M].福州：福建教育出版社，2016.

[3] 董旭花，韩冰川，阎莉，等.自主游戏成就幼儿快乐而有意义的童年 [M].北京：中国轻工业出版社，2021.

[4] 程学琴.放手游戏　发现儿童 [M].上海：华东师范大学出版社，2017.

[5] 秦元东，王春燕.幼儿园区域活动新论：一种生态学的视角 [M].北京：北京师范大学出版社，2008.